그 남자의 한 그릇

따 라 하 고 싶 은 그 남 자 의 일 상 속 레 시 피

그 남자의
한 그릇

김형준 지음

지콜론북

목차

프롤로그 8
일러두기 12

생각보다 쉬운 요리 용어 14
구매하면 자주 사용하는 식재료 16

여유로운
하루를 위한 브런치

레몬 버터 갈릭 쉬림프 파스타 28
딸기 살사 30
연어 리예트 34
표고버섯 크림 카레 36
루꼴라 쉬림프 샌드위치 38
프리타타 42
시저 샐러드 44

퇴근 후	눈꽃 치즈 교자	52
맥주 한 잔	까르보나라	54
	스팸 초밥	56
	불닭 크림 파스타	58
	차돌박이 들깨 라면	60
	사천풍 볶음면	64
	베이컨 숙주 볶음	66
	카레 우동	70

그리운 엄마 음식	장조림 크림 리소토	78
	치즈 김치전	80
	들깨 파스타	84
	토마토 사골 리소토	86
	된장 봉골레 파스타	88

나에게 주는 선물	이베리코 스테이크	96
스테이크 샌드위치	98
관자 스테이크	102
트러플 파스타	104
폴포 아 라 가예가	106
솔 뫼니에르	108

사랑하는 연인에게	연어 스테이크	116
채끝 스테이크	118
제철 과일과 멜론 프로슈토	120
우둔 카르파쵸	122
베이컨 베리 샐러드	124
3가지 브루스케타	126

친구들과 함께하는 저녁 식사	볼로네제 파스타	134
	버섯 크림 파스타	136
	조개 술찜	138
	베이컨 로제 파스타	142
	콥샐러드	144
	스테이크 샐러드	146

햇살 좋은 날의 피크닉	연어 타르타르	154
	요거트 콜드 파스타	156
	과카몰리	158
	카프레제	160
	제철 과일 콜드 파스타	162
	버터 갈릭 쉬림프	164
	올리브 타프나드 파스타	166

함께하기 좋은 사이드 디쉬	170
심플 칵테일	174

프롤로그

시골에서 자라서 가족끼리 별다른 외식 한번 크게 하지 못해, 쉽게 접하지 못하는 특별한 음식을 맛보고 싶어서 시작했던 요리가 어느새 10년이 다 되어간다. 처음부터 소질이 있던 건 아니어서 요리를 해놓고, 생각했던 맛이 아니라 버리기도 일쑤였으며, 제대로 만든 건지도 모르고 먹은 것이 대부분이었다. 그래도 만드는 과정이 즐거웠고 누군가가 맛있게 먹어주는 순간이 행복해서 계속 요리를 해왔다.

초반에는 여러 시행착오를 겪었지만, 지금은 꽤 많은 요리를 할 줄 알게 되었고, 서울에 올라와 혼자 살게 되면서 요리를 하고 그 기록을 SNS에 공유하다 보니 어느새 나에게 '쭌킴 테이블'이라는 수식어가 따라붙기 시작했다. 요리는 내 삶을 표현하는 방식의 일부가 되었다. 더 많은 사람들에게 마음을 전하고 싶었던 중에 지콜론북의 담당 에디터님으로부터 따뜻한 제안을 받았다. 제안을 받고, 또 이 책을 쓰면서도 문득문득 고민이 들었었다. 이 분야에 전문적이지 않은 내가 누군가에게 방법을 제시해줘도 괜찮을까? 하는 많은 생각에 며칠 밤을 고심하기도 했었다. 그렇지만 비교적 간단하고 맛있는 맛을 낼 수 있는 레시피와 주변 사람들에게 대접했을 때 함께 만족할 수 있는 요리법을 알려주고 싶었고, 무엇보다 요리의 소소한 즐거움을 나누고자 하는 바람이 컸기에 열심히 작업했다.

보통 혼자 식사를 하게 되면 대충 해결하려고 한다. '어차피 혼자 먹는데 대충 때우고 말지 뭐…….' 이런 귀찮은 생각이 가장 먼저 든다. 하지만 혼자일수록 자신을 더 챙기고 그 속에서 느낄 수 있는 자신만의 행복을 찾아야 한다. 혼자서 맛있는 한 그릇의 식사를 차려 먹는 일, 어려울 것도 없고 복잡할 것도 없다. 좋아하는 노래 한 곡을 틀어놓고 조금은 서툴지만 즐겁게 요리한 음식을 먹으면서 그 기분을 만끽하는 게 행복 아닐까? 그래서, 이 책 한 권이 독자 자신에게 고마움의 표현과 위로가 되는, 또는 다른 누군가에게 자신의 마음을 표현할 수 있는 하나의 방법이 되었으면 한다.

김형준

일러두기

- 레시피는 1인분 기준으로 작성했으며, 필요에 따라 양을 넉넉히 조리할 경우 별도 표시했다.

- 계량은 1큰술=15mL, 1작은술=5mL, 1컵=180mL (종이컵)를 기준으로 한다.

- 파스타는 이탈리아의 대표적인 면 요리를 총칭하는 개념으로 스파게티는 그중의 한 종류를 말한다.

- 면의 굵기는 가장 얇은 카펠리니 < 스파게티 < 링귀네 < 탈리아텔레 < 페투치네 순으로 넓어지며 숏 파스타의 경우 푸실리, 펜네 등이 있다.

- 레시피에 기재된 파스타 면은 요리에 어울리는 면을 선택했으나 취향에 맞는 파스타 면을 선택해도 좋다.

- 허브 종류나 특수 채소의 계량 중 '약간'의 양은 플레이팅 용도로 소량 사용한다.

- 허브 종류는 신선한 잎 허브를 기준으로 하지만 없을 시 드라이 허브 (건 허브)를 사용한다.

- 리소토의 농도는 죽보다 조금 더 되직한 정도로 조리한다.

- 레시피에서 사용하는 오일은 기본적으로 올리브유를 사용하지만 식용유, 포도씨유 등 다른 오일을 사용해도 된다.

- 트러플오일의 경우 해바라기씨유 베이스보다는 올리브유 베이스의 오일을 추천한다.

- 주류의 마리아주 (mariage)는 주관적인 견해이므로 좋아하는 음료를 함께해도 좋다.

- 레시피에 기재된 '제철 과일'은 해당 계절에 수확한 과일이며 주로 과육이 단단하고 향이 짙은 과일을 말한다. 주로 사용했던 과일은 따로 기재했다.

- 치즈는 다양한 활용을 보여주기 위해 레시피마다 다양한 치즈를 사용했지만, 파르미지아노 레지아노, 그라나 파다노, 파르메산 치즈 중 한 가지를 사용해도 괜찮다.

- 레시피 중 '레지아노 치즈'는 '파르미지아노 레지아노 치즈'를 말하며 파르메산 치즈와 혼동되지 않게 '레지아노 치즈'로 작성했다.

생각보다 쉬운 요리 용어

디글레이즈 Deglaze
재료를 볶거나 구운 후 바닥에 눌어붙어 있는 재료와 양념을 와인이나 코냑, 육수 등을 부어 끓여서 긁어내는 것을 말하는데 재료가 가지고 있는 진한 향과 맛을 끌어 올려준다.

레스팅 Resting
스테이크와 같이 두꺼운 고기를 굽고 난 후엔 고기 전체에 육즙이 고르게 분포되도록 일정 시간 쉬게 해줘야 한다. 이 과정을 하지 않고 바로 먹으면 겉만 익고 속은 덜 익은 고기를 먹게 된다. 두께나 크기에 따라 다르지만 1인분을 기준으로 5분~10분 정도 해주면 좋다.

베이스팅 Basting
팬에 고기나 생선 등을 구울 때 녹인 버터나 재료의 지방을 숟가락으로 끼얹어 마르는 것을 방지한다.

시어링 Searing
재료 겉면을 센 불에 강하게 구워 바삭한 식감과 맛을 살려주는 과정이다. 시어링을 제대로 해야 안쪽의 육즙이 바깥으로 나오는 것을 방지할 수 있다.

알단테 al dente
파스타 면을 익힐 때 2/3 정도로 설익힌 것을 말한다. 파스타의 단면을 봤을 때 안쪽의 하얀 심지가 보이는 정도의 익힘이 적당하다. 면을 알단테로 삶아야 팬에서 소스와 버무릴 때 최종적으로 알맞게 익은 정도가 된다. 보통 시판용 면 봉지에 적혀있는 시간보다 3분 정도 덜 삶으면 된다.

플람베 Flambee
재료를 볶는 과정에서 술로 불을 붙이는 것. 고기나 해산물의 누린내, 비린내를 알코올의 휘발성분으로 날리고 그와 동시에 디글레이즈를 하는 과정이다. 조리용 와인을 사두면 꽤 오랫동안 사용할 수 있다.

리예트 Rillette
전통적인 조리법은 염장한 돼지 뱃살 또는 어깨살을 저온으로 장시간 조리해서 잘게 으깨 페이스트 상태로 만든 것인데 요즘은 생선이나 오리 등으로 만들기도 한다. 포크로 잘게 찢어 으깨주면 거친 리예트가 되고 믹서기에 곱게 갈아주면 부드러운 식감의 리예트가 된다.

스프레드 Spread
소스의 개념보다는 좀 더 진하고 되직한 상태의 양념이라고 보면 된다. 흔히 알고 있는 피자의 디핑소스보다 더 되직하고 크래커에 발라먹는 크림치즈 농도의 양념을 스프레드라고 한다.

콩포트 Compote
과일에 물이나 술을 붓고 설탕과 향신료를 넣어 약한 불에 졸여 만드는 잼의 일종이다. 잼과 달리 설탕이 적게 들어가고 과육이 살아있는 것이 특징이다. 빵, 핫케이크 등에 올려 먹으면 달콤한 과일의 식감을 그대로 느낄 수 있다.

퓌레 Puree
과일이나 채소 등 재료를 곱게 갈아 체에 걸러낸 것이다. 생크림이나 우유를 더하면 더 부드럽게 만들 수 있고 여러 요리에 곁들이기도 좋다. 흔히 알고 있는 '매시드 포테이토'가 '감자 퓌레'라고 보면 된다.

마리네이드 Marinade
재료를 조리하기 전에 특정한 소스나 향신료에 재워두는 것이다. 육류나 해산물을 부드럽게 하고 잡내를 없애기 위해 재워두는 것과 채소나 과일 종류를 재워 차갑게 샐러드용으로 먹는 것이 있다.

치즈 스커트 Cheese Skirt
갈아 놓은 치즈나 슬라이스 치즈를 코팅된 팬에 바삭하게 구운 것이다. 스텐팬을 사용하면 눌어붙으니 반드시 코팅팬으로 조리한다.
치즈가 가지고 있는 고유의 향과 맛이 풍부해지고 샌드위치나 요리에 식감을 살려주는 역할을 한다.

콩카세 Concasse
토마토를 열십자로 칼집 낸 후 살짝 데쳐 껍질을 벗겨낸 다음 토마토를 0.5cm 크기의 정사각형으로 썬 것. 소스와 가니쉬로 사용한다.

구매하면 자주 사용하는 식재료

파르메산 치즈 Parmesan Cheese
대중적으로 가장 많이 알려진 이탈리아 치즈이다. 시중에서 분말로 된 형태를 많이 사용하기도 한다. 분말로 된 치즈에는 치즈 외에 곡물, 조미료 등 다양한 재료를 혼합해 만들기 때문에 하드치즈로 구입하는 게 좋다.

그라나 파다노 치즈 Grana Padano Cheese
알갱이 입자들이 씹히면서 치즈가 가지고 있는 고유의 풍미가 살아있어 치즈 본연의 맛을 느끼고 싶은 요리에 사용하기도 하고 와인이나 맥주에 치즈만 잘라서 곁들이기도 한다. 숙성기간과 제조과정이 파르미지아노 레지아노 치즈보다 짧아 비교적 저렴한 편이다.

파르미지아노 레지아노 치즈
Parmigiano Reggiano Cheese
이탈리아에서 '치즈의 왕'이라고 불리는 치즈이다. 그라나 파다노 치즈보다 만드는 방식이 엄격하고 품질이 좋은 치즈라서 가격도 비싼 편. 파스타와 샐러드 혹은 소스를 만들 때 넣어주면 치즈 고유의 풍미와 함께 전체적으로 깊은 맛을 끌어올려 준다.

파르메산 치즈
그라나 파다노 치즈
파르미지아노 레지아노 치즈

구매하면 자주 사용하는 식재료

드라이 허브 Dry herb
말린 허브, 건 허브라고도 한다. 신선한 잎 형태의 허브는 보존 기간이 짧아 드라이 허브를 구매하면 손쉽게 활용하기 좋다. 많이 쓰는 허브는 바질, 오레가노, 로즈메리, 타임 등이 있고 대형마트에서 쉽게 구매할 수 있다.

바질 Basil
이탈리아 요리에 많이 쓰이는 허브로 토마토와 잘 어울리고 페스토를 만들어 소스로 자주 사용한다. 샌드위치와 샐러드 등 모든 이탈리아 요리와 어울리며 다양하게 활용도가 높다.

오레가노 Oregano
이탈리아와 지중해식 요리에 많이 사용하고 톡 쏘는 박하와 비슷한 향이 특징이다. 오레가노의 풍부한 향기는 오랫동안 가열해도 은은하게 향기가 남아있으며 토마토요리와 잘 어울린다.

로즈메리 Rosemary
생선과 육류를 조리할 때 로즈메리를 넣어 조리하거나 마리네이드 할 때 사용하면 로즈메리의 은은한 향으로 재료의 잡내를 없애준다. 신선한 로즈메리 잎을 레몬주스나 칵테일에 넣어 마시면 향긋한 향이 난다.

파슬리 Parsley
서양 요리에 가장 많이 사용되는 대표적 허브인 파슬리는 곱게 다져 사용하거나 그대로 장식용으로 사용되기도 한다. 샐러드, 수프, 빵, 파스타, 그라탱 등 수많은 요리에 풍미를 내는 데 사용한다.

통후추 Pepper
일반적으로 많이 알고 있는 가루 후추의 열매 형태를 말한다. 갈아져 있는 형태보다 알맹이를 직접 갈아서 쓰면 후추 고유의 풍미가 살아난다. 고기를 삶을 때나 소스를 만들 때 통후추를 사용하기도 한다.

구매하면 자주 사용하는 식재료

올리브유 Olive Oil
주로 엑스트라 버진 올리브유를 사용하면 좋다. 다른 올리브유보다 향미와 맛이 진하고 가열하지 않고 사용할 수 있으므로 활용도가 높다.

홀그레인 머스타드 Whole Grain Mustard
겨자씨에 식초와 향신료를 첨가해 만든 머스타드다. 겨자씨의 알갱이가 그대로 들어있어 톡톡 씹히는 식감이 좋고, 새콤함과 약간의 매콤한 맛이 나 조리된 음식에 곁들여 먹기도 하고, 소스나 드레싱을 만들 때 섞어 사용한다.

디종 머스타드 Dijon Mustard
껍질을 벗겨낸 겨자씨를 분쇄해 허브와 백포도주를 섞어 톡 쏘는 맛이 난다. 홀그레인 머스타드보다 맛과 질감이 부드러워 드레싱용으로 많이 쓴다.

레몬 주스 Lemon Juice
레몬은 장시간 보관이 힘들어서 시중에 나온 레몬 주스로 대체할 수 있다. 레몬즙의 농축액이 들어가 있는 가공 제품이기 때문에 소량만 사용해도 맛은 충분히 낼 수 있다.

발사믹 식초 Balsamic Vinegar
단맛이 강한 포도즙을 숙성시킨 식초다. 올리브유와 섞어서 빵에 찍어 먹기도 한다. 파스타를 만들 때 소스를 추가해서 만들면 새로운 발사믹의 풍미를 느낄 수 있다. 꿀과 함께 졸인 '발사믹 글레이즈'도 있다.

버터 Butter
파스타, 스튜 등의 맛에 풍미를 더해줄 때 사용하는데, 보존 기간이 길어서 한번 구매해두면 오랫동안 다양한 요리에 사용 할 수 있다. 가공 버터보다 첨가물이 적은 버터가 품질이 더 좋다.

그 남자의 한 그릇

여유로운 하루를 위한 브런치

일주일 동안 회사나 모임 등에서 많은 사람을 만나고 나면, 휴일 하루쯤은 혼자 집에서 아무것도 하지 않고 여유롭게 보내고 싶을 때가 있다. '이미 아무것도 하고 있지 않지만, 더 격렬히 아무것도 하고 싶지 않다'라는 한 카드회사의 대표 카피처럼 말이다. 늘 그렇듯 휴일에는 늦잠을 자고, 느지막이 일어나면 배고픔이 찾아온다. 그와 동시에 귀찮음도 찾아온다. 배는 고픈데 움직이기는 귀찮고, 일어나서 한 끼를 만들어 먹기까지 고민하는 시간은 이미 상을 차려서 밥을 먹고도 남을 시간. 그래도 막상 냉장고를 열어 무엇으로 요리할까 둘러보면 그것조차도 휴일의 여유로움으로 느껴진다. 냉장고 안에 있던 것들을 주섬주섬 꺼내 만든, 과하지 않은 브런치를 먹으면서 그동안 보고 싶었던 영화 한 편을 보고, 맛있는 디저트와 커피 한 잔으로 오후를 보내고 나니 어느새 해가 뉘엿뉘엿 저물어 간다. 잘 먹고 잘 자는 것만으로도 하루를 알차게 보냈다는 느낌이 든다. 하루의 빈 틈이 주는 행복은 생각보다 가까운 곳에 있으니 말이다.

Cayman Islands Kings of Convenience

Don't Let Me Be Lonely Tonight   George Benson

San Francisco Street Sun Rai

Better Together   Jack Johnson

Good Day 존박

레몬 버터 갈릭 쉬림프 파스타

재료 : 링귀네 100g, 새우 8마리, 올리브유 2큰술, 레몬즙 1큰술
화이트와인 3큰술, 버터 1큰술, 마늘 4쪽, 바질 4잎
파슬리 약간, 파르메산 치즈 약간

여유로운 하루를 위한 브런치

1 새우는 머리와 껍질을 제거하고 등과 배를 갈라 내장을 빼낸다.
2 끓는 물에 소금을 넣고 링귀네는 알단테로 삶고, 면수는 남겨놓는다.
3 팬에 오일을 두르고 마늘은 편으로 썰어서 넣고 볶다가 손질한 새우를 넣고 와인으로 플람베 p.14 한다.
4 새우는 따로 덜어두고 팬에 삶은 파스타 면과 면수 1국자를 넣고 면수와 오일로 면을 코팅하듯이 볶는다.
5 4에 볶아놓은 새우와 버터를 넣고 한 번 더 볶는다.
6 5에 레몬즙과 바질과 파슬리를 다져서 넣고 섞는다.
7 접시에 담은 후 파르메산 치즈를 뿌려 마무리한다.

종종 주말에 어디론가
떠나고 싶다는 생각을 한다.
무의식중에 제주도에 가고
싶었던 것인지,
배도 고프던 참에 제주도
평대리의 유명한 새우요리가
머릿속을 스쳤다.

바다 내음이 나는 파스타를 뚝딱
만들었다. 포크로 돌돌 말아
한입 먹고 나니 조금은 제주도에
있는 듯한 기분이랄까.

창가로 햇살이 드는 주말 아침에는
가볍고 상큼한 요리로 기분 좋은 하루를 맞이하고 싶다.
맛이 좋은 제철 과일을 상큼한 민트와 섞어
빵이나 플레인 요거트와 함께 즐기고 나면
그 싱그러운 여운이 오랫동안 계속되는 느낌이 든다.

1   딸기와 금귤은 작은 주사위 모양으로 작게 자른다.
2   샬롯은 껍질을 벗기고 잘게 다진다.
3   애플민트는 줄기째로 손에서 살짝 비빈 후에 이파리만 떼어 다진다.
4   준비한 재료에 드레싱을 넣고 골고루 버무린다.

딸기 살사

- 재료 : 딸기 7개, 금귤 4개, 샬롯 1개, 애플민트 2줄기
- 드레싱 : 올리브유 1작은술, 레몬즙 1작은술,
  소금 약간, 후추 약간

샬롯은 양파로 대체할 수 있고,
양파는 샬롯보다 매운맛이
강하므로 찬물에 넣어
매운맛을 제거한 후 사용한다

그 남자의 한 그릇

연어 리예트

재료 : 통조림연어 1캔, 샬롯 3개, 케이퍼 1큰술, 로즈메리 2줄기
올리브유 1큰술, 생크림 3큰술, 레몬즙 2큰술
홀그레인 머스타드 1큰술, 파르메산 치즈 약간, 후추 약간

부드러운 맛을 원하면
모든 재료를 믹서기에 넣고
살짝 갈아준다

여유로운 하루를 위한 브런치

영화를 보면 소소하면서도 낭만을 자극하는 장면들이 있다.
아침에 일어나서 커피를 내리고 테이블에 앉아 빵에 잼이나 스프레드를 발라
식사하면서, 음악이나 책과 함께 하루를 시작하는 모습들이 그것이다.
빵에 매일 과일잼만 발라 먹을 수는 없으니 기분 내고 싶을 때는 리예트와
함께 하는 건 어떨까. 리예트는 원래 프랑스에서 돼지고기로 만들어진 고기 잼,
스프레드이지만 최근에는 돼지가 아닌 다른 육류, 해산물, 채소를 이용해서
만들기도 한다. 만들기도 간단하고 장기간 보관도 가능하니 만들어 놓으면
나도 영화의 한 장면처럼 하루를 맞이할 수 있지 않을까.

1   연어는 기름을 빼서 포크로 잘게 찢어 준비한다.
2   케이퍼와 샬롯은 잘게 다진다.
3   볼에 준비한 재료를 담고 생크림, 올리브유, 레몬즙을 넣은 후, 너무 되직해지지 않도록 농도를 맞춘다.
4   홀그레인 머스타드와 파르메산 치즈, 후추를 넣고 간을 맞춘다.
5   로즈메리 2줄기를 다져 함께 버무린다.

카레를 믹서에
가는 과정은
생략해도 된다

표고버섯 크림 카레

재료 : 표고버섯 3개, 양송이버섯 3개, 마늘 2쪽, 양파 1개
고형 카레 1인분, 생크림 2큰술, 물 1과 1/3컵, 간장 2큰술
가쓰오부시 30g, 올리브유 1큰술, 후추 약간

오랫동안 뭉근하게 끓이면
맛이 더 좋아지는 음식들이 몇 가지 있다.
자주 해 먹는 찌개가 대표적이고,
좀 더 생각해보면 카레도 그렇다.
오늘은 무얼 먹을까 냉장고를 열어보니 파스타를
만들고 남은 재료들만 있어서 또 파스타야? 했는데
언젠가 쓸모 있을 것 같아 사두었던 카레가 생각나
카레로 메뉴 변경! 카레는 딱히 정해진 재료가
없으니 냉장고에 있는 재료들을 다 넣어보자.

1 가쓰오부시는 따뜻한 물에 우려낸다.
2 표고버섯, 양송이버섯은 밑동을 잘라내고 4등분 한다.
3 잘라낸 버섯 밑동은 얇게 편으로 자른다.
4 양파 1개를 채 썰어 오일을 두른 팬에 갈색이 될 때까지 20분 동안 약불로 볶는다.
  타는 듯하면 물을 보충해가며 볶아준다. 대신 수분을 충분히 날려주면서 볶아야 한다.
5 볶아진 양파에 마늘을 다져서 넣고 5분간 더 볶아 주다가 가쓰오부시 우린 물과 고형 카레를 넣고
  녹인다.
6 카레가 끓으면 믹서기에 카레를 넣고 부드럽게 간다.
7 팬에 다시 오일을 두르고 잘라둔 버섯을 볶다가 갈아둔 카레를 넣고 섞는다.
8 간은 후추와 간장으로 한 후에 마지막으로 생크림을 넣어 원하는 농도를 맞춘다.
  * 취향에 따라 물, 생크림, 카레를 추가하여 농도를 조절한다.

루꼴라 쉬림프 샌드위치

- 재료 : 새우 4~6마리, 곡물빵 2장, 루꼴라 1/2줌,
  토마토 슬라이스 1장, 올리브유 1큰술, 파프리카 파우더 1작은술
  파르메산 치즈 3큰술, 후추 약간, 소금 약간
- 소스 : 디종 머스타드 1작은술, 홀그레인 머스타드 1작은술
  마요네즈 2큰술, 레몬즙 2작은술

고기가 가득 들어 리치한 샌드위치를 먹고 싶었지만
몸매 관리에 대한 죄책감이 들어 조금은 건강한 샌드위치를 먹기로 했다.
밀가루 빵 대신 곡물 빵을 선택하고 가벼운 소스에 루꼴라를 가득 올려
한입 먹으면 입안에 건강함이 퍼진다.

1. 새우는 껍질을 벗겨 등과 배를 갈라 내장을 제거해 준비한다.
2. 손질한 새우에 후추, 소금, 파프리카 파우더, 올리브유로 밑간을 한다.
3. 루꼴라는 깨끗하게 씻어 빵 길이 정도로 자른다.
4. 파르메산 치즈는 팬에 구워 바삭하게 치즈 스커트 p.15 를 만든다.
5. 작은 볼에 소스 재료를 넣고 잘 섞는다.
6. 빵을 팬에 바삭하게 굽고 각각 한쪽에 소스를 골고루 바른다.
7. 팬에 오일을 두르고 밑간을 한 새우를 익힌다.
8. 루꼴라, 토마토, 치즈 스커트, 새우 순으로 올리고 빵을 덮는다.

맛이 담백한 치아바타,
깜파뉴 종류의 곡물빵을
선택하는 것이 재료 맛을
더 살려준다

프리타타

- 재료 : 달걀 5개, 양파 1개, 베이컨 3장, 파르메산 치즈 2/3컵
  어린잎채소 1컵, 올리브유 1큰술, 버터 2작은술
- 드레싱 : 올리브유 1/2작은술, 레몬즙 1작은술
  소금 약간, 후추 약간

여유로운 하루를 위한 브런치

이 요리를 처음 봤던 순간, 아마 달걀말이라고 외쳤던 것 같다.
마냥 이국적일 것만 같은 다른 나라에도 한식과 비슷한 요리들이 꽤 있는데
프리타타는 달걀에 각종 재료를 넣어 만든 이탈리아 오믈렛을 말한다.
속 재료를 무엇을 넣느냐에 따라서 수십 가지 레시피가 탄생하고
빵과 채소를 곁들여 먹어도 잘 어울리니 이만큼 효율적인 레시피는 없지 않을까.

1   양파는 채 썰고 베이컨은 1cm 크기로 자른다.
2   달구어진 팬에 오일을 두르고 버터 1작은술을 넣고 베이컨과 양파를 볶는다.
3   달걀은 큰 그릇에 풀어두고 파르메산 치즈를 넣어 섞는다.
4   팬에 볶고 있는 양파가 갈색이 되면 풀어둔 달걀을 팬에 넣고 약한 불에서 밑을 긁어가면서
    골고루 섞어주며 익힌다.
    * 4번 과정에서 팬을 바닥에 살짝 내려쳐서 안쪽에 공기를 빼주면 모양이 예쁘게 나온다.
5   어느 정도 모양이 잡혀가면 위를 평평하게 만들어주고 뚜껑을 덮어 익힌다.
6   팬보다 큰 그릇을 뒤집어 팬에 올리고 팬 채로 뒤집어서 그릇에 옮긴다.
7   팬에 버터 1작은술을 넣고, 그릇에 닿아 있는 부분이 팬 바닥으로 가게 팬에 다시 옮겨
    약한 불로 익힌다.
8   어린잎채소를 드레싱 재료와 버무린다.
9   달걀이 다 익었으면 아까와 같이 그릇에 옮겨 위에 드레싱에 버무린 어린잎채소를 올려주고
    파르메산 치즈를 뿌려서 마무리한다.

시저 샐러드

- 재료 : 로메인 1포기, 곡물빵 1장, 달걀 1개, 식초 2큰술
  레지아노 치즈 약간
- 드레싱 : 달걀 1개, 올리브유 4큰술, 앤초비 1장, 디종 머스타드 1/4작은술
  홀그레인 머스타드 1/2작은술, 레몬즙 1/2작은술, 후추 약간

상추 종류의 잎채소 위에 구운 작은 빵 (또는 크루통)과
수란을 올려 먹는 시저 샐러드.
만드는 법은 간단하지만, 포만감이 좋아 샐러드임에도 한 끼를 해결하기에
안성맞춤이다. 여기에 수프까지 곁들이면 열 끼 식사 부럽지 않다.

1   작은 냄비에 물을 반쯤 넣고 끓으면 식초 2큰술을 넣는다.
2   국자로 물을 회전 시켜준 다음 가운데에 조심히 달걀 1개를 깨어 넣는다.
    * 동그란 모양을 원할 경우, 작은 그릇이나 국자에 먼저 깨뜨려 놓고 끓는 물에 미끄러지듯이 흘려보낸다.
3   수란이 알맞게 익으면 국자로 건져 미지근한 물에 넣어둔다.
4   작은 볼에 달걀 노른자 1개를 넣고 올리브유를 조금씩 넣어가면서 거품기로 저어준다.
5   마요네즈와 같은 농도가 되면 앤초비를 다져서 함께 섞는다.
6   5에 디종 머스타드, 홀그레인 머스타드, 레몬즙, 후추를 넣고 섞어 드레싱을 만든다.
7   팬에 곡물빵을 작은 크기로 찢어서 바삭하게 굽는다.
8   로메인은 흐르는 물에 씻은 뒤 물기를 제거하고 끝부분만 잘라 접시에 통으로 올린 후,
    그 위에 수란을 얹고 구운 빵을 뿌린다.
9   드레싱을 뿌린 다음, 레지아노 치즈를 칼로 얇게 잘라 올리고 다시 조금 갈아서 올려주면 완성.

수란은 국자로 떠서 볼 때
모양이 흐트러지지 않을
정도로 탄력이 생기면
반숙 정도가 되었다고
보면 된다

그 남자의 한 그릇

퇴근 후 맥주 한 잔

출근하고 얼마 되지 않았는데 오늘은 또 무슨 일인지 어김없이 들려오는 상사의 부름에 벌써 피곤이 밀려온다. 일과 중 하나로 고정된 상사와의 마찰을 견뎌내면 하루의 에너지를 다 써버린 느낌이다. 퇴근 후에는 흔들리는 정신을 부여잡고 집으로 돌아온다. 현관에 들어서자마자 생각나는 것은 샤워가 끝난 후 개운함, 갈증이 밀려올 때 마시는, 목이 따가울 정도로 시원한 맥주 한 모금이다. 시원한 맥주에 맛있는 안주가 빠질 수 없다. 칼로리가 높고! 짭조름한 안주만큼 맥주에 제격인 것들이 있을까?

▶
미생 그리즐리

하드코어 인생아 옥상달빛

울지마 브로콜리 너마저

꺼내먹어요 자이언티

지친 너에게 엔즈

눈꽃 치즈 교자

재료 : 냉동만두 큰 것 5개, 화이트와인 3큰술 (물로 대체 가능)
파르메산 치즈 7큰술, 식용유 1큰술, 파슬리 약간

일본식 교자는 만두를 아랫부분만 굽고 윗부분은 증기로 쪄내
바삭함과 부드러움 두 가지 식감을 즐길 수 있는 만두이다.
일본식 교자를 구울 때 만두를 팬에 놓고 전분물을 팬 바닥에 붓고 굽다 보면
수분이 날아가 녹말이 마치 눈꽃 무늬 모양을 이룬다.
유명 수제버거 집의 치즈 스커트 (치즈가 펼쳐진 모양이 스커트 같아
붙여진 이름)에 착안해 전분물 대신 치즈를 접목해 만든 눈꽃 치즈 교자 되겠다.
치즈의 짭조름한 맛이 교자와 잘 어울린다.

1   팬에 오일을 두르고 교자만두를 올려 놓는다.
2   아랫면이 노릇하게 색이 올라올 때까지 중약불에 굽는다.
3   불을 중불로 올려주고 팬에 화이트와인 3큰술을 부어준 후에 뚜껑을 덮어서 만두 전체를 익힌다.
4   만두를 접시에 옮겨두고 팬에 갈아놓은 치즈를 만두 크기로 만들어 올려놓은 후,
      그 위에 만두의 바삭한 면이 치즈를 향하게 놓는다.
5   치즈가 녹고 바삭하게 구워지면 뒤집어서 접시에 옮겨 담는다.

교자를 찍어 먹는 소스로
간장 대신 레몬즙을
조금씩 뿌려주면 색다른
맛을 즐길 수 있다

까르보나라

재료 : 스파게티 100g, 달걀 노른자 1개, 달걀 1개
베이컨 3장, 마늘 1쪽, 올리브유 1큰술, 버터 1큰술과 1작은술
레지아노 치즈 4큰술, 후추 약간, 소금 약간

퇴근 후 맥주 한 잔

야식이 생각나는 늦은 밤, 치킨 한 마리나 피자 한 판은 혼자 먹기 부담스러워
뭐라도 요리해서 먹어야겠다는 생각에 냉장고를 열어보니 남아 있는 건
달걀뿐이다. 자고로 야식은 느끼해야 제맛 아닐까.
그래서 할 수 있는 한, 최대한 간단하고 느끼한 요리 시작!

1 끓는 물에 소금을 넣고 스파게티는 알단테로 삶고, 면수는 남겨놓는다.
2 베이컨은 1cm 크기로 자른다.
3 달걀 1개에 추가로 달걀 노른자 1개, 소금, 후추, 레지아노 치즈 3큰술을 넣고 잘 섞어
   달걀 소스를 만든다.
4 팬에 오일을 두르고, 버터 1작은술을 넣고 마늘은 손바닥으로 으깨서 넣고 볶다 향만 낸 후
   마늘을 빼낸다.
5 4에 잘라놓은 베이컨을 바삭하게 볶은 다음 건져내고, 키친타월에 올려 기름기를 제거한다.
6 베이컨을 볶았던 팬에 면수 1/2국자와 삶은 파스타 면을 넣고 충분히 볶다가 팬을 불에서 내린다.
7 한 김 식힌 팬에 3의 소스를 넣고 재빨리 섞어주다가 뻑뻑하다 싶으면 면수를 추가한다.
8 버터 1큰술을 넣고 녹이면서 골고루 섞는다.
9 접시에 담아내고 파스타 위에 레지아노 치즈 1큰술과 후추를 뿌린다.

달걀 소스를 넣을 때 불에서
내리지 않고 섞으면 달걀이
익으면서 스크램블에그처럼
되니 반드시 팬을 불에서
내려 한 김 식힌 후 달걀 소스
를 재빠르게 섞어준다

스팸 초밥

- 재료 : 통조림햄 1/2캔, 깻잎 2장, 즉석밥 1개
  고추냉이 2작은술, 참기름 1/2큰술
- 소스 : 마요네즈 2큰술, 청양고추 1개, 레몬즙 1작은술

'밥도둑'이라는 말이 괜히 나오는 게 아니다.

혼자 사는 사람에게 통조림햄은 열 반찬 부럽지 않은 최고의 가공식품이다. 기본이 제일이라고 그냥 팬에 구워서 흰밥에 올려 먹어도 충분히 맛있지만, 왠지 외식하는 기분을 내고 싶어서 같은 재료로 새롭게 먹고 싶었다.

1 마요네즈에 청양고추는 잘게 다져서 넣고, 레몬즙을 넣어 소스를 만든다.
2 깻잎은 얇게 채 썬다.
3 통조림햄은 넓은 면으로 얇게 자른다.
4 달궈진 팬에 햄을 굽는다.
5 즉석밥은 전자레인지에 돌린 후, 참기름으로 간을 한다.
6 밥을 한입 크기로 뭉쳐서 한쪽에 고추냉이를 바르고 햄을 얹은 다음 그 위에 깻잎을 올린다.
7 만들어둔 소스를 따로 내어 취향에 맞게 찍어 먹는다.

밥을 한입 크기로
작게 뭉쳐 햄이
밥을 덮을 때 밥이
튀어나와 보이지
않게 한다

요리 이름에서 이미 눈치를 챘을 수도 있지만
유명한 불닭라면의 소스를 이용한 파스타이다.
이 소스는 감칠맛과 중독성이 있지만 매워서 자주 먹기가 힘들다.
그래서 매운 라면소스에 부드러운 크림을 더해 훌륭한 야식으로 만들었다.
아마 부드러운 매콤함에 한번 중독되면 당분간은 계속 이렇게 먹게 될지도.

1   끓는 물에 소금을 넣고 링귀네는 알덴테로 삶고, 면수는 남겨놓는다.
2   마늘은 편으로 썰고 양파는 잘게 다진다.
3   파래김은 얇게 채 썰고 쪽파도 작게 썬다.
4   팬에 오일을 두르고 마늘과 양파를 볶는다.
5   4에 생크림을 부어주고 불닭소스와 면수 1국자를 넣는다.
6   5에 삶은 파스타 면을 넣고 섞어주다가 버터를 넣는다.
7   접시에 옮겨 담고 위에 얇게 썬 파래김과 송송 썬 쪽파를 뿌린다.

불닭 크림 파스타

재료 : 링귀네 100g, 불닭소스 1개, 마늘 2쪽, 양파 1/2개
생크림 1컵, 버터 1/2큰술, 올리브유 1큰술
쪽파 약간, 파래김 약간

퇴근 후 맥주 한 잔

면을 좋아한다면 만족도 100%의 술안주가 될,
나름대로 고급인 라면 레시피이다.
라면을 이렇게까지 끓여 먹어야 하나 싶을 수도 있지만,
막상 먹어보면 그런 소리는 잠시 잊게 된다. 가끔 탕 종류를 먹고 싶을 때 끓이는
라면인데 마치 탕에 사리를 넣어 먹는 기분이 들게 하는 들깨 라면이다.

차돌박이 들깨 라면

재료 : 라면 1개, 물 2컵과 2/3컵, 차돌박이 50g, 들깻가루 2큰술
청양고추 1개, 고춧가루 1/2큰술, 마늘 1쪽, 부추 약간

1　부추는 엄지보다 조금 긴 길이로 자른다.
2　살짝 끓는 물에 마늘 1쪽을 다져서 넣고 라면 수프를 넣어 끓인다.
3　물이 팔팔 끓기 시작하면 청양고추, 들깻가루를 넣고 면을 넣는다.
4　면이 거의 다 익으면 차돌박이를 넣어 살짝 익힌다.
5　면과 국물을 그릇에 덜고 위에 차돌박이와 부추, 고춧가루를 올려 마무리한다.

라유는 고추기름을 말하는데
식용유에 고춧가루,
파만 있으면 만들 수 있지만,
시중에도 판매하고 있으므로
쉽게 구할 수 있다

중화요리 대부분은 화력이 센 불로 순식간에 볶아 내는 것들이 많다.
그 말은 즉 야식에 최적화된 요리라는 점!
야식의 포인트는 '스피드'와 '심플'이다. 간단하게 손질한 재료를 순서에 맞게 볶아내서 얼른 한입 먹으면 어느새 맥주를 술술 마시는 나를 발견할 수 있다.

사천풍 볶음면

재료 : 돼지고기 잡채용 50g, 에그누들 120g, 표고버섯 3개
양송이버섯 3개, 꽈리고추 3개, 마늘 2쪽, 생강 1/4쪽
굴소스 1큰술, 간장 1큰술, 라유 (고추기름) 1큰술, 후추 약간

1. 표고버섯과 양송이버섯은 편으로 썰어주고 꽈리고추는 어슷하게 썬다.
2. 마늘과 생강은 잘게 다진다.
3. 에그누들은 끓는 물에 소금 한 꼬집을 넣고 7분간 삶는다.
4. 라유를 두르고 마늘과 생강과 돼지고기를 넣어 볶다가 후추를 툭툭 뿌린다.
5. 썰어 놓은 표고버섯, 양송이버섯, 꽈리고추를 4에 넣어 볶는다.
6. 간장과 굴소스는 섞어서 재료 위가 아닌 팬의 가장자리에 직접 부어 살짝 태우듯이 가열한다.
7. 소스가 살짝 졸아들면 삶아둔 에그누들을 넣고 재빠르게 섞어주어 마무리한다.

베이컨 숙주 볶음

재료 : 베이컨 3장, 숙주 300g, 마늘 2쪽
식용유 1큰술, 굴소스 1큰술, 간장 2큰술
페페론치노 3개, 쪽파 약간, 후추 약간

요즘 이자카야에 가면 많이 보이는 안주가 돼지고기 숙주 볶음이다.
들어가는 재료도 간단하고, 무엇보다 시간이 오래 걸리지 않는다!
아삭한 숙주와 베이컨의 조합은 두말할 필요도 없다.
단짠 단짠인 이 메뉴야말로 맥주 도둑이 아니겠나 싶다.

1   간장과 굴소스는 같이 섞어 소스를 만든다.
2   마늘은 편으로 자르고 베이컨은 먹기 좋은 크기로 자른 후,
    팬에 오일을 두르고 마늘과 베이컨을 볶는다
3   섞어둔 소스를 넣고 졸여주다가 숙주를 넣고 센 불에 빠르게 볶는다.
4   페페론치노와 후추를 넣고 마지막으로 한 번 더 볶는다.
5   접시에 옮겨 담고 작게 쪽파를 잘라 위에 뿌리고 마무리한다.

퇴근 후 맥주 한 잔

재료는 한쪽에 몰고 팬을
기울여 소스를 센 불에
졸여줘야 불맛이 살아난다

의도치 않게, 손이 커서 카레를 좀 많이
만들었을 때, 그래서 한동안 카레만 먹고 지내니
지겹다고 느껴질 때,
카레우동이면 좀 색다르게 즐길 수 있지
않을까. 카레는 밥에 얹어 먹어 왔었는데 한번
카레우동에 빠지고 나서는 카레우동만 먹었던
기억이 있다.

카레우동

재료 : 남은 카레 1컵과 1/2컵, 우동면 1인분
다진 돼지고기 50g, 다진 소고기 50g, 물 1컵, 대파 약간
전분물 2큰술 (전분가루 1큰술과 물 1큰술을 섞어 풀어둔다)
간장 2큰술, 후추 약간, 소금 약간

1 남은 카레는 믹서기에 갈아준다.
2 달궈진 팬에 고기를 전부 넣고 소금, 후추로 간을 한 후에 갈아둔 카레를 넣는다.
3 물 1컵을 넣고 같이 끓이다가 전분물을 조금씩 넣으면서 농도를 맞춘다.
4 간은 간장을 넣어 조절한다.
5 끓는 물에 우동면을 넣고 살살 풀어주면서 삶는다.
6 우동면을 건져내 그릇에 옮겨 담고 위에 카레를 얹은 다음,
   송송 자른 대파를 올려 마무리한다.

그 남자의 한 그릇

그리운 엄마 음식

엄마가 차려준 아침밥 없이 하루를 시작하는 일, 담근 김치 없이 라면 먹는 일은 생각해본 적 없었다. 어쩌면 너무 당연하게 생각했는지 모르겠다. 어느새 성인이 되고 타지에서 사회생활을 하다 보니 아침을 거르는 일은 다반사고, 오히려 아침을 먹으면 속이 불편해지는 것을 보니 혼자 사는 생활에 몸이 꽤 적응해 버린 듯하다. 집에서 밥을 먹는 일도 보통 일이 아니다. 메뉴를 생각해야 하고 장을 보고 뒷정리까지 혼자 해내야 한다. 엄마는 이토록 고단한 일들을 어떻게 매일 하셨을까. 인제야 조금 철이 들기 시작하는 건가 싶다. 오랜만에 걸려온 엄마의 전화에서 밥은 잘 먹고 다니냐는 안부와 먹고 싶은 건 없냐는 말들에 괜스레 뭉클해졌다. 늘 먹던 김치와 밑반찬일 뿐인데 유별나게 엄마의 마음이 더 느껴진다. 가족의 소중함을 이렇게나마 다시금 느낀다.

Home Michael Buble

아버지 인순이

양화대교 자이언티

엄마 강아솔

가족 홍대광

장조림 크림 리소토

재료 : 즉석밥 1개, 엄마표 장조림 고기 1컵, 장조림 국물 1컵
양파 1/4개, 마늘 1쪽, 우유 1/2컵, 올리브유 1큰술, 버터 1작은술
파르메산 치즈 약간, 파슬리 약간, 후추 약간

1. 팬에 오일을 두르고 마늘과 양파를 잘게 다진 후 볶는다.
2. 장조림 고기만 따로 넣어 볶다가 장조림 국물을 넣고 살짝 끓어오르면 우유를 넣는다.
3. 국물이 살짝 졸아들기 시작하면 즉석밥을 넣고 잘 섞는다.
4. 국물이 거의 없어지고 죽보다 조금 더 되직한 농도가 되면 버터를 넣고 한 번 더 섞는다.
5. 접시에 옮겨 담고 파슬리는 다지고 파르메산 치즈는 갈아서 올린 후, 올리브유를 살짝 뿌려 마무리한다.

엄마가 해주는 반찬 중 가장 생각나는건
장조림이다. 유독 특이하게 우리 집에서는
양지나 사태를 이용한 장조림이 아닌
기름기가 많이 붙어있는 자투리나
스지 (힘줄) 부위의 장조림이었다.
그래서 오히려 다른 장조림을 먹으면 퍽퍽한
느낌이 들어 잘 먹지 않게 되었다.
한번 먹을 정도의 장조림이 남았던 날, 뭔가
양식을 먹고 싶어 급작스레 퓨전 요리가
시작되었다.

장조림 부위가 양지,
사태의 경우 잘게
찢어야 리소토에
어울린다

집에서 김치를 보내줬을 때 바로 먹는 김치는 알맞게 익어서
밥도둑이 따로 없다. 하지만 며칠 집에서 밥을 못 먹었더니
남은 김치가 시어가는 것 같아 긴급 처방을 하기로 했다.
어느 막걸리집에서 먹었던 전 위에 치즈가 가득 올려져 나오는
메뉴가 생각나 치즈를 듬뿍 넣었다.

치즈 김치전

재료 : 엄마표 김치 2컵, 김칫국물 1컵, 밀가루 1컵, 물 1/2컵
식용유 1큰술, 버터 1큰술, 모차렐라 치즈 100g
그라나 파다노 치즈 약간, 파르메산 치즈 약간, 후추 약간

1 넓은 볼에 밀가루와 물을 넣고 섞는다.
2 김치를 얇게 잘라 국물과 함께 넣고 후추로 간을 한다.
3 팬에 오일을 두르고 버터를 넣는다.
4 반죽을 팬에 올려 놓고 반죽 가운데를 오목하게 만들어주고 오목한 부분에
   모차렐라 치즈를 뿌려주고 약간의 반죽으로 치즈를 덮는다.
5 한쪽 면이 익으면 뒤집을 때 버터를 한 번 더 녹여서 두른다.
6 양쪽이 골고루 익으면 접시에 옮겨 담고 그라나 파다노 치즈와 파르메산 치즈를 갈아서 뿌려준다.

그리운 엄마 음식

들깨 파스타

재료 : 링귀네 100g, 백만송이버섯 70g, 만가닥버섯 70g
다진 돼지고기 50g, 다진 쪽파 1큰술, 꽈리고추 2개, 마늘 1쪽
들깻가루 2큰술, 새우젓 1/4작은술, 올리브유 1큰술, 생크림 1컵
레지아노 치즈 약간

집에서 늘 보내주는 것들이 있는데 새우젓과 들깻가루다.
한식에만 사용하는 재료처럼 보이지만
어떤 요리에 사용해도 맛있어서 좋아하는 식재료 중 하나다.
새우젓을 넣으면 소금으로 간을 하는 것보다 더 감칠맛을 끌어낼 수 있다.
여기저기 들깻가루를 넣어 먹는 걸 좋아하다 보니 들깨 파스타를 해 먹게
되었는데 먹으면 먹을수록 중독되는 맛이다. 들깨의 고소한 풍미와 새우젓의
감칠맛이 새로운 맛으로 이끌어준다.

1   끓는 물에 소금을 넣고 링귀네는 알단테로 삶는다.
2   버섯은 하나씩 떼어내어 밑동을 잘라 손질한다.
3   꽈리고추는 어슷썰기 한다.
4   팬에 오일을 두르고 마늘 1쪽을 다져서 넣고 다진 돼지고기를 넣고 볶는다.
5   버섯과 꽈리고추를 넣고 볶다가 들깻가루를 넣고 같이 볶는다.
6   생크림을 붓고 살짝 졸여 주다가 면을 넣는다.
7   간은 새우젓으로만 한다.
8   접시에 옮겨 담고 다진 쪽파와 레지아노 치즈를 뿌리고 올리브유를 둘러 마무리한다.

버섯은 좋아하는 버섯으로
마음껏 넣고, 버섯을
볶으면 수분이 날아가면서
양이 절반으로 줄어드니
이 점을 참고한다

토마토 사골 리소토

재료 : 엄마표 사골 1/3컵, 토마토소스 3/4컵, 레드와인 3큰술
다진 소고기 50g, 즉석밥 1개, 마늘 1쪽, 양파 1/2개
버터 1작은술, 파슬리 2줄기, 그라나 파다노 치즈
올리브유 1큰술, 소금 약간, 후추 약간

뭐랄까, 사골은 엄마가 해주는 음식 중
가장 정성이 들어간 음식인 것 같다.
밤새 잘 고아서 뽀얗게 우러나온 사골 국물로 한 끼를
해결하면 마음 속까지 든든해지는 기분이다.

1　팬에 오일을 두르고 마늘과 양파를 잘게 다진 후 볶는다.
2　다진 소고기를 넣고 양파가 갈색이 날 때까지 함께 볶는다.
3　레드와인을 넣어 플람베p.14를 하고 사골과 토마토소스를 넣고 졸인다.
4　자작하게 졸아들면 즉석밥을 넣는다.
5　후추를 뿌려주고 버터를 넣어 섞는다.
6　부족한 간은 소금으로 맞춘다.
7　그릇에 옮겨 담고 파슬리는 다져서 위에 올리고 그라나 파다노 치즈를 얇게 썰어 뿌린 후, 올리브유를 둘러 마무리한다.

그리운 엄마 음식

그 남자의 한 그릇

조개를 해감할 때
소금을 넣고 빛을
차단해야 해감이
잘 된다

엄마가 끓여주는 음식 중에서 보글보글 된장찌개를 특히 좋아한다.
어렸을 때부터 달래와 바지락이 들어간 시원한 된장국을 잘 먹곤 했는데,
된장을 보니 그 맛이 저절로 떠오른다.

1   모시조개는 해감해둔다.
2   달래는 뿌리 부분을 잘 씻어가면서 손질하고 잘게 다진다.
3   마늘과 양파는 다져서 준비한다.
4   끓는 물에 소금을 넣고 스파게티는 알단테로 삶는다.
5   팬에 오일을 두르고 마늘과 양파를 볶는다.
6   모시조개와 다진 달래 1/2를 넣고 볶다가 화이트와인으로 플람베 p.14 를 하고 뚜껑을 덮는다.
7   조개가 입을 열면 된장을 푼 바지락 육수를 부어준다.
     * 바지락 육수는 바지락을 넣고 끓인 물로, 없으면 생략 가능하고 와인의 양을 늘린다.
8   소스가 끓기 시작하면 면을 넣고 섞는다.
9   그릇에 덜고 남은 다진 달래를 뿌려 마무리한다.

된장 봉골레 파스타

재료 : 엄마표 집된장 1큰술, 바지락 육수 5큰술, 모시조개 10개
스파게티 100g, 달래 6줄기, 마늘 2쪽, 양파 1/4개
올리브유 1큰술, 화이트와인 3큰술, 소금 약간

그 남자의 한 그릇

나에게 주는 선물

반복적인 일상에 점점 지치면 나 자신에게도 소홀해진다. 늘 머릿속으로는 '오늘부터 운동도 하고 몸에 좋은 음식들도 챙겨 먹어 건강해져야지'라고 생각하지만, 이것만큼 어려운 일이 없다. 하루 24시간이 그렇게 짧은 시간은 아닌데 그 시간을 쪼개 사용하는 게 어찌나 힘든지. 갈수록 생활이 단조로워지는 느낌이랄까. 먼 미래의 행복을 위해 현재의 시간을 투자하는 것도 중요하지만, 지금 이 순간을 충분히 즐기며 나를 위해 써야 하지 않을까 싶다. 하루쯤 시간과 정성을 들여 맛있는 요리를 해 먹으면서 몸과 마음의 여유를 찾아보는 일도 좋다. 늘 먹던 음식들에 특별한 식재료 하나만 더해도 멋진 레스토랑 음식 부럽지 않은 요리가 나올 수 있다. 마침 월급날도 얼마 남지 않았으니 나를 위해 분위기를 내보기로 했다.

I like it Michael Carreon

See the stars Melissa Polinar

Those Sweet Words Norah Jones

I Got U 마크툽

Starlight JIDA

고기는 굽기 전에 반드시 상온에서 20분 정도 꺼내 놓아서 차가운 기운을 없애야 열전달이 잘 되어 속까지 따뜻하고 맛있게 잘 익는다

이베리코 스테이크

- 재료 : 이베리코 목살 200g, 감자 1개, 쪽파 6줄기, 생크림 2/3컵
  버터 2큰술, 올리브유 1큰술, 소금 약간, 후추 약간
- 깻잎 페스토 : 깻잎 20장, 마늘 1쪽, 파르메산 치즈 1/2컵
  올리브유 1/2컵, 견과류 1/2컵

나에게 주는 선물

돼지고기는 바싹 익혀서 먹어야 한다고 알고 있다. 예전에는 탈이 난다고 하여 바싹 익혀 먹어야 했었는데, 요즘 친환경으로 키우는 돼지는 굳이 완전히 익혀 먹지 않아도 된다. 레스토랑에서도 바싹 익히지 않은 돼지고기 요리가 늘어나고 있는 추세다. 특히 이베리코 돼지는 스페인의 이베리코 지방에서 도토리만 먹여 친환경으로 키운 돼지로, 등급까지 나뉠 정도로 고급 돼지고기에 속해서 다양한 방법으로 익혀 먹기 좋으며 맛도 뛰어나다.

1   목살은 굽기 전에 소금과 후추로 간을 하고 오일을 발라놓는다.
2   감자는 삶아서 으깨고 생크림과 버터, 소금, 후추를 넣고 믹서기에 갈아서 매시드 포테이토를 만든다.
3   페스토의 재료를 믹서기에 넣고 갈아서 깻잎 페스토를 만든다.
4   팬을 뜨겁게 달구고 목살을 시어링 p.14 한다.
5   불을 약하게 하고 조금 더 굽다가 꺼내어 레스팅 p.14 후, 1~1.5cm 두께로 자른다.
6   스테이크를 구웠던 팬에 쪽파를 올려 놓고 소금, 후추 간을 한 후 살짝 태우듯이 굽는다.
7   접시에 매시드 포테이토를 담고 그 위에 잘라놓은 깻잎 페스토, 구운 쪽파를 플레이팅한다.

나에게 주는 선물

스테이크 샌드위치

- 재료 : 소고기 채끝 100g, 식빵 2장, 양파 1/4개, 루꼴라 1줌
  버터 1/2작은술
- 소스 : 디종 머스타드 1/2작은술, 홀그레인 머스타드 1/2작은술
  마요네즈 2큰술, 후추 약간

스테이크는 특별한 날에만 먹는 요리라는 느낌이 있다.
이런 스테이크를 간편하게 샌드위치로 만들어 먹는다는 건
평소에는 상상이 잘 가지 않는 일이다. 돈가스가 들어간 카츠샌드
정도는 주변에서 접할 수 있어도 스테이크 샌드위치는 아직 쉽게
접하긴 힘들다. 별다른 재료를 많이 넣지 않아도 소고기 그 자체로
엄청난 비주얼과 맛을 자랑하는 호화스러운 샌드위치 되겠다.

1 작은 볼에 소스의 재료를 섞어 소스를 만든다.
2 양파는 동그란 모양을 위해 가로로 0.5cm 크기로 잘라 차가운 물에 담가 매운맛을 제거한다.
3 채끝살은 소금, 후추로 간을 해서 달궈진 팬에 구워준 후에 레스팅 p.14 한다.
4 식빵은 버터를 바르고 바삭하게 굽는다.
5 구워진 빵 각각 한쪽에 소스를 바르고 양파, 루꼴라, 스테이크 순으로 올리고 빵으로 덮는다.

관자 요리는 사 먹을 일이 딱히 없어 먹을 기회도 적었다. 그런데 요리하는 즐거움에 푹 빠져 있던 어느날, 레스토랑 느낌의 요리를 만들고 싶어서 마트에서 관자를 사와 요리했던 기억이 있다. 생전 처음 하는 요리라서 생각나는 대로 툭툭 만들어 가족과 함께 먹었었는데 내가 한 요리 중 가장 맛있었다고 엄마가 극찬하실 만큼 반응이 최고였다.

크레송이 없으면 베이비 채소로도 대체할 수 있다

관자 스테이크

1. 관자는 소금, 후추로 간을 해서 준비한다.
2. 달궈진 팬에 오일을 넣고 관자를 굽는다. 한쪽 겉면에서 갈색이 나면 뒤집어주고 화이트와인으로 플람베p.14를 한 후에 불에서 내리고 열로 나머지를 익힌다.
3. 접시에 바질 페스토, 오렌지소스, 콜리플라워 퓌레를 이용해 플레이팅 한다.
4. 구워 놓은 관자를 올리고 크레송과 레드소렐을 보기 좋게 놓고 얇게 자른 파르메산 치즈를 올린다.

콜리플라워 퓌레

1. 작은 팬에 버터를 녹이고 콜리플라워를 볶는다.
2. 팬에 생크림 1컵을 넣고 5분간 끓여 주다가 소금, 후추로 간을 한다.
3. 믹서기에 갈아 퓌레를 만든다.

   * 퓌레p.15의 경우 곱게 만들고 싶으면 믹서에 간 퓌레를 체에 한 번 더 걸러주면 더 부드러워진다.

관자 스테이크

- 관자 스테이크 재료 : 관자 2~3개, 화이트와인 1큰술
  올리브유 1큰술, 바질 페스토 1/2큰술, 오렌지소스 1/2큰술
  크레송 약간, 레드소렐 약간, 소금 약간, 후추 약간, 파르메산 치즈 약간
- 콜리플라워 퓌레 재료 : 콜리플라워 1/4개, 버터 1큰술, 생크림 1컵
  소금 약간, 후추 약간

트러플 파스타

재료 : 페투치네 100g, 다진 소고기 50g, 양송이버섯 5개
마늘 1쪽, 양파 1/4개, 올리브유 2큰술과 1작은술, 트러플 오일 1/4작은술
파슬리 약간, 레지아노 치즈 약간, 소금 약간, 후추 약간

요즘 가장 주목받는 식재료는 '트러플'이 아닐까? 고급스럽되, 파인 다이닝 레스토랑이 아니어도 심심치 않게 눈에 띈다. 트러플은 송로버섯을 말하며 프랑스의 3대 진미 중 하나로 고유의 향기가 매우 짙은 버섯이다. 생산량이 워낙 적다 보니 희소가치가 높아서 매우 비싼 가격에 거래되고 있지만 트러플보다 대중적인 트러플 오일은 대형마트나 인터넷에서 비교적 저렴한 가격에 구할 수 있다. 먹기 직전에 트러플 오일 한두 방울만 떨어뜨려도 깊은 풍미가 올라와 레스토랑 만찬을 즐기는 느낌이다.

1. 마늘, 양파는 잘게 다지고 양송이버섯은 얇게 자른다.
2. 팬에 오일 1큰술을 두르고 마늘과 양파를 넣고 볶다가 양송이버섯을 넣고 갈색이 날 때까지 볶는다.
3. 볶은 재료를 오일 1큰술과 믹서기에 넣고 갈아서 버섯 페스토를 만든다.
   이때 너무 많이 갈지 않도록 한다.
4. 끓는 물에 소금을 넣고 페투치네는 알단테로 삶고, 면수는 남겨놓는다.
5. 팬에 오일 1작은술을 두르고 다진 소고기를 볶다가 소금, 후추로 간을 한다.
6. 버섯 페스토를 2큰술 넣고 면수 1국자를 넣는다.
7. 삶은 면을 넣고 잘 섞는다.
8. 파슬리를 다져서 넣고, 레지아노 치즈를 갈아서 뿌려준다.
   마지막으로 트러플 오일을 뿌려 마무리한다.

폴포 아 라 가예가

재료 : 감자 작은 것 2개, 문어 다리 삶은 것 6개, 파슬리 2줄기
파프리카 파우더 1/2작은술, 올리브유 1큰술, 소금 약간, 후추 약간

나에게 주는 선물

1 문어 다리는 밀가루로 깨끗하게 씻어 20분간 삶은 뒤 건져낸다.
2 감자는 0.5cm 두께로 잘라 삶는다.
3 문어 다리는 얇게 어슷썰기 한다.
4 접시에 감자를 깔고 잘라놓은 문어를 감자 위에 올린다.
5 파슬리를 다져서 넣고 파프리카 파우더, 올리브유를 뿌려 마무리한다.

'갈리시아의 문어'라는 뜻으로, 삶은 문어가 메인이 되는
스페인 요리, '풀포 아 라 가예가'
스페인 전역에서 볼 수 있을 만큼 대중적인데 삶은 문어의 담백하고 쫄깃한
식감에 매료되는, 중독성 강한 요리이다. 여름철에 시원한 맥주와 함께 먹으면
더위를 날리기에 좋은 요리가 아닐까 싶다.

문어를 삶을 때 무와 양파를
넣고 삶으면 더 부드럽게
삶을 수 있고, 다리 안쪽
부분의 껍질은 질길 수
있으므로 제거하는 게 좋다

솔 뫼니에르

재료 : 가자미 1미 (팬 안에 들어가는 크기), 밀가루 2큰술
버터 1큰술, 케이퍼 1큰술, 올리브유 1큰술, 로즈메리 2줄기
레몬 1/4개, 소금 약간, 후추 약간

우리 가족은 생선을 정말 좋아한다.
생선을 먹었다 하면 가시만 쏙 남아 있을 정도다. 웬만한 생선은 다 좋아하지만
그 중에서도 발라먹기 쉬운 생선들을 좋아하는데 가자미도 역시 그렇다.
그동안 생선은 기름을 둘러 굽는 방식으로 조리해왔지만,
고소한 맛을 즐기고 싶어 프랑스식으로 밀가루를 살짝 입혀 버터에 구워 보았다.
버터와 레몬즙, 케이퍼가 만나 생각지도 못한 소스가 만들어져 새로운
생선요리에 빠져들게 되었다.

1. 가자미는 비늘을 벗기고 소금, 후추간을 해서 밀가루를 발라둔다.
2. 센불로 팬을 뜨겁게 한 후 버터와 오일을 두르고 가자미는 껍질부터 바삭하게 굽다가 중불로 안쪽까지 익혀준다. 나머지 반대 쪽도 중불에 구워준다.
3. 중간에 로즈메리 1줄기와 케이퍼를 넣어주고 팬에 있는 오일을 가자미 위에 계속 끼얹어 주며 익힌다.
4. 넓은 접시에 가자미를 옮겨 담고, 팬에 남아있는 오일과 재료들을 가자미 위에 뿌린다.
5. 로즈메리 1줄기와 레몬을 같이 곁들여 낸다.

그 남자의 한 그릇

사랑하는 연인에게

함께하는 매 순간들이 특별하다. 늘 먹던 음식, 지나쳐버린 풍경, 사소한 웃음들이 보통의 시간처럼 흘러가지만, 그 사람과 함께라면 온도가 조금은 달라진다. 이런 순간순간이 모여 어느새 우리는 서로가 삶의 일부가 되었다. 그래서 더욱 나와 같은 길을 걷는 소중한 사람에게 고마움을 아낌없이 표현하고 싶다. 저마다 고마움을 표현하는 방식은 여러 가지가 있을 것이다. 우리만의 공간에서 내 마음과 정성을 담은 요리 한 접시를 준비하고, 차분하고 따뜻해진 분위기 속에서 온전하게 시간을 보내는 것이 나의 서툰 표현 방식이다. 애정이 담긴 요리를 맛있게 먹는 연인을 보는 기분을 어찌 말로 표현할 수 있을까. 하나 더 쌓인 둘만의 추억을 오래오래 꺼내 볼 수 있었으면 좋겠다. 이런 마음이 전해지길 바라며 오늘도 부엌 앞에 섰다.

▶
사랑한대 적재

별보러가자 적재

나 평생 그대 곁을 지킬게 윤현상

그댈 만나기 위해 원모어찬스

Marry Me 윤한

연어 스테이크

재료 : 연어 200g~250g, 샬롯 1개, 올리브유 1큰술
로즈메리 2줄기, 오렌지소스 약간, 소금 약간, 후추 약간

사랑하는 연인에게

전문 셰프들이 생선을 요리하는 영상을 보면 재료가 많이 들어가지 않는다. 최소한의 간으로 생선 본연의 맛을 끌어올리기 때문이다. 신선한 생선과 여기에 어울리는 소스만 있다면 좋은 사람과 분위기 내기 위한 간단하고도 멋진 한 접시가 나오기에 충분하다.

1 연어는 소금, 후추로 간을 해둔다.
2 오렌지소스 p.170 는 냉장고에 차갑게 보관해놓는다.
3 샬롯은 껍질을 벗겨 반으로 자르고 팬에 구워 가니쉬로 준비한다.
4 달궈진 팬에 오일을 두르고 로즈메리 1줄기를 넣고 향을 낸 후에 연어는 껍질 부분부터 바삭하게 굽는다.
5 껍질 부분이 절반 정도 익으면 연어를 뒤집어 반대쪽은 20초간 익혀주고 다시 뒤집어 팬채로 불에서 내려 놓는다.
6 접시에 오렌지소스를 바르고 연어는 껍질 부분이 위로 가게 놓는다.
7 구워둔 샬롯과 남은 로즈메리 1줄기를 가니쉬로 올려 마무리한다.

채끝 스테이크

재료 : 소고기 채끝 200~250g, 방울토마토 2개, 양송이버섯 2개
버터 1큰술, 올리브유 1큰술, 마늘 1쪽, 타임 3줄기
홀그레인 머스타드 1/2작은술, 소금 약간, 후추 약간

사랑하는 연인에게

중요한 날에는 어쩐지 칼로 고기를 썰어야 기분이 나는 것 같아
스테이크를 하게 된다. 그 중에서도 '채끝'은 부담이 없어 자주 고른다.
등심은 기름진 맛이 좋지만 많이 먹으면 조금은 더부룩한 느낌이고,
안심은 부드럽긴 하지만 기름기가 너무 없어서 식으면 퍽퍽한 식감이 들 수
있으므로 지방과 살코기가 고르게 있는 채끝 부위를 선택한다.
소고기 자체의 풍미를 즐기기 좋고, 몇 가지 가니쉬만 곁들이면
요리 초보자들도 꽤 안정적인 플레이팅을 할 수 있다.

1   양송이버섯은 4등분하고 방울토마토는 2등분으로 자른다.
2   채끝살은 소금, 후추로 간을 하고 올리브유를 바른다.
3   달궈진 팬에 한쪽을 살짝 탄듯하게 바삭하게 굽고
    반대쪽을 구울 때 버터와 마늘, 타임을 넣고 녹은 버터를 채끝살 위에 끼얹어 가며 베이스팅 p.14 한다.
4   미디움레어로 익으면 접시에 덜어서 레스팅 p.14 한다.
5   양송이버섯과 방울토마토는 약간의 소금, 후추 간을 하고 팬에 살짝 굽는다.
6   고기는 한입 크기로 잘라 접시에 옮겨 담고 양송이버섯과 방울토마토, 홀그레인 머스타드를 곁들여
    플레이팅한다.

소고기의 익은 정도는
쇠젓가락으로 소고기의
중심부를 찔러 온도에
따라 알 수 있는데,
차가우면 레어, 뜨거우면
웰던, 따뜻하면 미디움
정도로 생각하면 된다

과육이 단단하고 단맛이
강한 과일을 추천한다

사랑하는 연인에게

만들어 내는 것만으로도 핑크빛 분위기에 무드를 더해줄 만한 요리다.
멜론에 프로슈토나 하몽을 곁들여 먹는 이탈리아의 여름 별미다.
불을 쓰지 않고 재료 손질만 해서 미리 준비하고,
음식을 낼 때 접시에 플레이팅만 하면 된다. 손이 많이 가지 않아도
식탁을 분위기 있게 만들어주는 데 중요한 역할을 한다.

제철 과일과 멜론 프로슈토

재료 : 멜론 1/4개, 프로슈토 50g (또는 하몽), 블루베리 1큰술
제철 과일 또는 배 1/2개, 크레송 약간, 꿀 1/2작은술
올리브유 1/2작은술

1 멜론은 주사위 모양으로 자르고 다른 과일들도 먹기 좋은 크기와 모양으로 자른다.
2 접시에 멜론과 과일을 전체적으로 놓아주고 그 위에 프로슈토를 살짝 접은 뒤 올린다.
3 접시의 빈 곳에 블루베리와 크레송을 올리고 요리 전체에 올리브유와 꿀을 뿌려주어 마무리한다.

우둔 카르파쵸

- 재료 : 우둔살 200g (덩이로 준비), 방울토마토 3개, 샬롯 2개
  와일드 루꼴라 1줌
- 소스 : 홀그레인 머스타드 1작은술, 디종 머스타드 1/2작은술
  올리브유 1작은술, 라임즙 1작은술

1. 우둔살은 소금, 후추 간을 한 뒤 겉면만 시어링 p.14 해서 꺼내놓는다.
2. 방울토마토와 샬롯은 1/4 크기로 자른다.
3. 작은 볼에 소스의 재료를 넣고 잘 섞는다.
4. 넓은 접시에 우둔살을 얇게 잘라 펼쳐 놓는다.
5. 위에 방울토마토, 샬롯, 와일드 루꼴라를 골고루 놓는다.
6. 소스를 뿌려주고 마무리한다.

'카르파쵸'라는 요리 자체가
생소하게 느껴질 수도 있다.
쉽게 말해 우리나라의 육회,
일본의 타다키와 비슷하다고 보면
된다. 소고기의 겉면만 익혀내어
얇게 썰어내는 요리인데
비교적 저렴한 우둔 부위로도
꽤 훌륭한 한 접시가 나올 수 있는
레시피다.

얇게 자른 우둔살은
방망이나 밀대로 얇게
펴주면 더 부드럽게
먹을 수 있다

메인 요리와 어울릴만한
가벼운 샐러드 정도는 따로 내어 입맛을 돋워 주는 것도 좋다.
베이컨과 과일의 조합은 약간 낯설지만
달고 짭조름함에 반해 또다시 찾게 되는 맛이다.

베이컨 베리 샐러드

**재료 : 치커리 4장, 베이컨 3장, 산딸기 1줌
발사믹 글레이즈 1큰술, 레지아노 치즈 약간, 올리브유 1작은술**

1   치커리는 깨끗이 씻어서 물기를 제거하고 한입 크기로 자른다.
2   베이컨은 잘게 잘라 팬에 바싹하게 구워낸 후 키친타월 위에 올려 기름을 제거한다.
3   산딸기는 흐르는 물에 조심히 씻는다.
4   접시에 치커리를 담고 그 위에 산딸기와 베이컨을 올려준다.
5   발사믹 글레이즈를 골고루 뿌려주고 올리브유를 두른다.
6   레지아노 치즈를 갈아주고 마무리한다.

산딸기 대신 제철에
나오는 체리나
껍질째 먹는 레드글
로브 (적포도)를
사용해도 좋다

블루베리에 설탕과 레몬즙을 넣고 뭉근하게 졸이면 콩포트가 완성된다

3가지 브루스케타

- 토마토 브루스케타 재료 : 바게트, 방울토마토 5개, 바질 1줄기 발사믹 글레이즈 약간, 올리브유 1/4작은술, 후추 약간, 소금 약간
- 버섯 브루스케타 재료 : 바게트, 양송이버섯 2개, 버섯 페스토 1큰술 트러플 오일 1/4작은술, 버터 1작은술, 파르메산 치즈 약간
- 블루베리 브루스케타 재료 : 바게트, 블루베리 1큰술 블루베리콩포트 1작은술, 샬롯 1/2개, 민트 2줄기, 크림치즈 1큰술 올리브유 1/2작은술, 레몬즙 1/2작은술

사랑하는 연인에게

토마토 브루스케타

1. 방울토마토는 껍질만 얇게 십자로 칼집을 내어준 후 끓는 물에 살짝 데쳐 껍질을 제거한다.
2. 볼에 방울토마토를 넣고 발사믹 글레이즈와 소금, 후추, 올리브유를 뿌려서 섞는다.
3. 구운 바게트 위에 방울토마토를 올려주고 위에 바질을 몇 장 올린다.

버섯 브루스케타

1. 양송이버섯은 4등분 한다.
2. 팬에 버터를 녹여 수분이 날아갈 때까지 양송이버섯을 볶는다.
3. 구운 양송이버섯에 트러플 오일을 뿌려 버무린다.
4. 구운 바게트 위에 버섯 페스토를 바르고 양송이버섯을 올려준 후에 파르메산 치즈를 갈아 마무리한다.

블루베리 브루스케타

1. 샬롯과 민트는 잘게 다진다.
2. 볼에 블루베리와 샬롯과 민트를 다져서 넣고 올리브유, 레몬즙을 뿌려 섞는다.
3. 구운 바게트 위에 크림치즈를 발라주고 그 위에 블루베리콩포트와 블루베리를 올린다.

메인 요리를 먹어 조금 배부른 상태이거나 가볍게 즐기고 싶은 날, 핑거푸드를 와인 한 잔에 곁들여 내어주면 좋지 않을까 싶다. 조금 남아도 밀폐용기에 넣어 냉장보관 하면 다음 날 또 먹을 수 있으므로 미리 만들어 두어 간단한 안주나 간식으로 두고두고 먹자.

그 남자의 한 그릇

친구들과 함께하는 저녁 식사

어느 순간 나에게 요리란, 고마운 사람들에게 마음을 표현하는 하나의 수단이 되었다. 늘 고맙단 말, 미안하다는 말로 표현을 하지 못하는 성격 탓에 내 마음과 정성이 들어간 요리 한 접시를 맛있게 먹어주는 모습들을 보고 있자니 그 고마움에 마음 한켠이 편해지곤 한다.

시간이 지나갈수록 더욱이 그렇다. 사람과 사람의 인연에 대하여 좀 더 깊게 생각하게 되고 그 인연을 소중히 대해야 한다고 느낀다. 그래서 시간을 내어 내 곁에 있는 사람들과 삼삼오오 모여서 그동안 있었던 일상을 이야기하고, 다 함께 요리를 즐기면서 더할 나위 없이 좋은 시간을 보낸다.

Elevate The Feelin' Bluey

Dipso   A June, J Beat

Melodie Data

Hopeless Khalid

A Breath J.Han

볼로네제 파스타 (2인분)

- 소스 : 다진 소고기 200g, 다진 돼지고기 100g, 베이컨 6장
  셀러리 2대, 당근 1/2개, 양파 1개, 마늘 2쪽, 토마토 퓌레 2컵과 2/3컵
  레드와인 2/3컵, 버터 2큰술, 올리브유 2큰술, 생크림 2큰술
  월계수잎 1장, 후추 약간, 소금 약간
- 파스타 : 링귀네 200g, 파르메산 치즈 약간, 파슬리 약간

볼로네제는 다진 소고기, 레드와인, 토마토 등을 넣어 만든 소스로 장시간 조리해서 깊은 맛이 나는 게 특징이다. "고기! 고기!"를 외치는 친구들을 위한, 적당히 생색 내기도 좋은 요리다. 레시피보다 양을 넉넉히 만들어 냉동실에 보관하면 다양한 요리에 간편하게 활용할 수 있다.

볼로네제 소스

1. 셀러리, 당근, 양파는 잘게 다진다.
2. 달궈진 팬에 오일을 두르고, 버터 1큰술을 넣은 후 마늘을 다져서 볶다가 1의 다진 재료를 넣고 볶는다.
3. 1의 다진 재료는 수분이 날아갈 정도까지 볶아준 후 1cm로 자른 베이컨, 다진 소고기, 다진 돼지고기를 넣어 볶는다.
4. 고기가 익기 시작하면 레드와인을 넣어 바닥에 붙어있는 것들을 디글레이즈 p.14 시켜주고 졸인다.
5. 레드와인이 졸아들면 토마토 퓌레를 넣고 소금, 후추로 간을 하고 월계수잎과 생크림을 넣어 자작하게 졸아들 때까지 끓인다.
6. 소스가 졸아들기 시작하면 버터 1큰술을 넣는다.

볼로네제 파스타

1. 끓는 물에 소금을 넣고 링귀네를 알단테로 삶는다.
2. 위에서 만든 볼로네제 소스에 파스타 면을 넣고 볶는다.
3. 접시에 옮겨 담고 파르메산 치즈와 파슬리를 뿌려 마무리한다.

버섯 크림 파스타

재료 : 링귀네 100g, 양송이버섯 3개, 표고버섯 2개, 바질 3잎
마늘 1쪽, 대파 1대, 생크림 1컵과 1/4컵, 올리브유 2큰술
레지아노 치즈 약간, 파슬리 약간, 소금 약간, 후추 약간

친구들과 함께하는 저녁 식사

버섯에서 나오는 고유의 풍미와
오래 볶을수록 나오는 특유의
감칠맛 때문에 버섯이 들어간
파스타는 고기를 넣은 파스타만큼
뛰어나다고 생각한다.
버섯은 산에서 나오는 소고기라
불릴 만큼 영양도 풍부하고
식감 또한 즐기기 좋아
어떤 요리에 들어가도 버섯의
역할을 톡톡히 한다.
모양, 향, 맛 모두 뛰어나니
버섯의 매력에 빠질 이유는
충분하다.

1 끓는 물에 소금을 넣고 링귀네를 알단테로 삶는다.
2 마늘은 잘게 다져두고 대파는 흰 부분만 길게 반을 갈라 1cm 크기로 자른다.
3 양송이버섯과 표고버섯은 밑부분을 제거하고 편으로 자른다.
4 달궈진 팬에 오일을 두르고 마늘과 대파를 같이 볶다가 버섯도 모두 넣어 볶는다.
5 버섯이 갈색이 날 정도까지 볶아주다가 생크림을 넣어주고 바질을 채 썰어 넣는다.
6 소금과 후추로 간을 하고 모자라는 간은 레지아노 치즈로 해준다.
7 6에 삶은 파스타 면을 넣어 볶는다.
8 그릇에 파스타를 옮겨 담고 위에 치즈를 갈아서 올린 다음, 파슬리를 다져서 뿌린 후 마무리한다.

조개 술찜 (2인분)

재료 : 바지락 500g, 페페론치노 3개, 마늘 4쪽, 양파 1/2개
파슬리 2줄기, 후추 약간, 올리브유 1큰술
화이트와인 1/2컵, 버터 1큰술과 1/2큰술, 레몬 1/4개

친구들이 집에 많이 왔을 때는 맛도 맛이지만 뭐니뭐니해도
푸짐한 양이 최고다. 손 몇 번 가면 순식간에 음식들이
사라지기 때문에 한 번에 많은 양을 낼 수 있고 다양하게
응용 가능한 조개 술찜이 초대 음식으로 제격이다.
조개를 먹다가 남은 국물에 파스타까지 더 하면
꽤 만족스러운 한 끼가 나온다. 물론 술과 한잔하기도 좋다.

1   바지락은 미리 해감해둔다.
2   마늘은 얇게 썰고 양파는 잘게 다져두고 파슬리도 같이 다진다.
3   달궈진 냄비에 오일을 두르고 버터 1/2큰술과 마늘과 양파 그리고 페페론치노를 볶는다.
4   마늘이 노랗게 변할 때 바지락을 넣고 같이 볶는다.
5   화이트와인을 넣어 플람베 p.14 를 한 후에 뚜껑을 덮는다.
6   바지락이 어느 정도 익으면 다진 파슬리와 후추를 넣어 섞어주고 마무리한다.
7   먹기 직전에 레몬을 바지락에 뿌려 먹는다.

바지락을 다 건져 먹고 남은 국물에
삶은 파스타 면을 볶아 먹으면
두 가지 요리를 즐길 수 있으니,
처음부터 면을 삶아 한 그릇에 같이
내어도 좋다

그 남자의 한 그릇

베이컨 로제 파스타

재료 : 링귀네 100g, 베이컨 3장, 마늘 1쪽, 양파 1/2개
올리브유 3큰술, 생크림 1/3컵, 토마토소스 1컵
페페론치노 3개, 파슬리 약간, 레지아노 치즈 약간

친구들과 함께하는 저녁 식사

베이컨이 들어간 파스타는 어떤 소스로 만들어도 늘 맛있다.
그중에서도 로제소스가 들어간 베이컨 파스타를 제일 좋아한다.
토마토소스의 상큼함과 생크림의 부드러운 맛이 어우러져
베이컨의 맛을 배로 끌어 올려 풍미가 좋다.
거기에 매콤함까지 살짝 추가하면 한국인 입맛에 딱 맞다.

1 끓는 물에 소금을 넣고 링귀네를 알단테로 삶는다.
2 마늘은 잘게 다지고 양파는 채 썬다.
3 베이컨은 1cm 크기로 자르고 달궈진 팬에 볶다가 마늘과 양파를 넣어 같이 볶아준다.
4 페페론치노를 손으로 으깨 팬에 넣고 같이 볶는다.
5 토마토소스와 생크림을 넣고 끓여주다가 면을 넣고 섞는다.
6 파스타를 접시에 덜고 파슬리를 다져서 뿌려주고 레지아노 치즈를 갈아 뿌린 후 마무리한다.

콥샐러드 (2인분)

- 재료 : 아보카도 1/2개, 파프리카 1/2개, 달걀 2개, 올리브 5개 체더치즈 1/2컵, 토마토 1/2개, 베이컨 6장, 로메인 1포기
- 드레싱 : 마요네즈 2큰술, 요거트 150g, 레몬즙 1작은술 꿀 1작은술, 소금 약간, 후추 약간

친구들과 함께하는 저녁 식사

여러 개의 음식을 차리면 가장 간단하면서 포만감을 주는 음식이 샐러드이다. 그렇다고 채소만 먹기에는 아쉬운 법. 이럴 때 여러 재료들을 넣어 풍성하고 다양하게 즐길 수 있는 콥샐러드를 추천한다.

콥샐러드는 미국 요리사 콥(cobb)이 냉장고에 남은 재료들을 잘게 썰어 만든 샐러드라서 붙인 이름인데, 냉장고에 있는 재료들을 모아 푸짐하게 만들수 있으니 친구들과 파티를 하기엔 이만한 샐러드는 없지 않을까.

1   드레싱 재료는 다 섞어 준비해둔다.
2   달걀은 삶아서 흰자와 노른자를 분리해 큐브 모양으로 자른다.
3   아보카도, 파프리카, 올리브, 체더치즈, 토마토 같은 크기로 자른다.
4   베이컨도 같은 크기로 잘라 팬에 볶아 베이컨 칩을 만든다.
5   로메인은 한입 크기로 잘라 그릇의 바닥에 깔아준다.
6   그 위에 잘라놓은 재료를 줄 맞춰서 플레이팅 한다.
7   드레싱은 작은 그릇에 담아 따로 준비하고 먹을 때 샐러드와 섞는다.

시중에 판매하는 옥수수 통조림이나 본인이 좋아하는 채소를 넣어도 좋다

스테이크 샐러드

- 재료 : 소고기 채끝 스테이크 150g, 와일드 루꼴라 1줌, 래디시 2개
  방울토마토 2개, 파르메산 치즈 약간, 소금 약간, 후추 약간
- 드레싱 : 올리브유 2큰술, 레몬즙 1큰술, 오렌지즙 2큰술, 피쉬소스 1/2큰술
  파프리카 파우더 1/2작은술, 후추 약간, 파슬리 약간

샐러드를 떠올리면 과일과 채소가 들어간 푸짐한 접시 하나가 상상된다.
상큼한 샐러드도 좋지만, 오늘은 친구들에게 조금 새로운 샐러드를
선사하고싶다. 미디움레어로 알맞게 구워진 소고기가 올라간 샐러드라니
보기만 해도 군침이 도는 비주얼이 아닐 수 없다.

1. 래디시는 얇게 편으로 자르고 와일드 루꼴라는 한입 크기로 자르고 방울토마토는 4등분 한다.
2. 드레싱의 재료를 섞어서 드레싱을 만든다.
3. 고기는 굽기 전에 소금, 후추 간을 한 뒤 팬을 뜨겁게 달구고 미디움레어로 굽는다.
4. 적당한 볼에 래디시, 와일드 루꼴라, 방울토마토를 담은 뒤에 드레싱을 넣고 섞는다.
5. 접시에 섞어둔 샐러드를 놓고 그 위에 얇게 썬 스테이크를 올린다.
6. 파르메산 치즈는 칼로 얇게 잘라서 올린다.

친구들과 함께하는 저녁 식사

그 남자의 한 그릇

햇살 좋은 날의 피크닉

봄이 기다려지는 이유는 친구들과 즐겁게 피크닉을 갈 수 있기 때문이다. 굳이 봄이 아니어도 언제든지 떠날 수는 있지만 살랑살랑 불어오는 봄바람의 느낌은 다른 계절을 대신 할 수 없다. 한강이나 공원에서 배달음식들을 시켜 먹어도 좋지만 뭐니 뭐니 해도 전날부터 직접 준비해 가져온 도시락은 어떤 것과도 비교되지 않는다.

'하루를 꽤 기분 좋게 보냈구나'라는 생각을 들게 하는 것들은 여러 가지가 있는데 봄의 피크닉이 그중 하나다. 화창한 날씨에 맛있는 도시락과 시원한 맥주 한잔을 벌컥벌컥 들이키고 좋아하는 노래를 들으며 이 여유를 즐기고 있자니 봄의 화창함이 오래갔으면 하는 생각들이 온 머릿속을 맴돈다.

피크닉 오왠

So High 그리즐리

Love Love Love 뷰티핸섬

망고 CHEEZE

소풍같은 그대 주형진

연어 타르타르

재료 : 연어 150g, 샬롯 1개, 케이퍼 1큰술, 딜 2줄기, 파슬리 약간
홀그레인 머스타드 1/2작은술, 디종 머스타드 1/4작은술
올리브유 1/2작은술, 레몬즙 1작은술, 소금 약간, 후추 약간
레몬껍질 약간 (생략 가능)

1 연어는 잘게 다진다.
2 딜과 샬롯도 잘게 다진다.
3 볼에 레몬껍질을 제외한 나머지 모든 재료를 넣고 섞는다.
4 레몬껍질을 그레이터로 갈아서 넣는다.
5 오목한 그릇이나 원형 틀에 옮겨 담아 모양을 잡아주고,
   넓은 그릇에 조심히 뒤집어 담고 오목한 그릇이나 틀은 빼준다.

요즘은 연어를 쉽게 볼 수 있는데
주로 훈제 연어나 회로 접하는
경우가 많다.
그래서 새로운 맛의 연어를 느끼고
싶은 사람들에게 이 레시피가
특별하게 다가올 것 같다.
조금은 지겨울 뻔한 연어에 생기를
불어 넣어주는 그런 레시피!

생연어가 아닌 훈제
연어는 쉽게 부서질 수
있으니 조심스럽게
섞는다

햇살 좋은 날의 피크닉

요거트 콜드 파스타

- 재료 : 카펠리니 100g, 사과 1/4개, 샬롯 1개, 민트 2줄기
  레지아노 치즈 약간
- 소스 : 요거트 3/4컵, 꿀 1/2작은술, 레몬 1/2개
  화이트와인 1큰술, 소금 약간, 후추 약간

요거트가 들어가는 차가운 파스타라고 하면
다들 생소하다는 반응을 보일게 뻔하다.
차가운 파스타도 생소한데 심지어 요거트라니…….
나 또한 그랬었지만, 이 요리를 한 뒤로 생각이 확 달라졌다.
상큼한 요거트를 차가운 파스타로 즐길 수 있다니,
피크닉에서 입맛을 돋우기에 이만한 레시피가 없을 것이다.

1. 카펠리니는 삶아서 찬물에 헹궈 물기를 뺀다.
2. 볼에 소스의 재료를 넣고 섞어 소스를 만든다.
   * 레몬은 손으로 짜서 즙이 나오게 한다.
3. 사과는 먼저 1/2개를 작은 큐브 모양으로 자르고 나머지 1/2개는 얇게 채 썬다.
4. 적당한 볼에 민트를 다져 넣고 작게 자른 사과 그리고 카펠리니와 소스를 넣어 섞는다.
5. 그릇에 덜어 레지아노 치즈를 갈아서 위에 뿌리고 얇게 채 썬 남은 사과를 올려 마무리한다.

과카몰리

재료 : 아보카도 1개, 토마토 1/2개, 양파 1/4개
할라페뇨 2개, 파프리카 파우더 1/4작은술, 소금 약간, 후추 약간

1   양파와 할라페뇨는 다지고 토마토는 큐브 모양으로 작게 자른다.
2   볼에 아보카도와 1의 재료를 넣고 잘 으깨가며 섞는다.
3   파프리카 파우더, 소금, 후추로 간을 한 후 마무리한다.

아보카도는 부드럽고 고소한 맛이 나며 영양이 풍부하여 다양한 요리에서 활용된다. 아보카도를 잘라 샌드위치, 샐러드, 밥 등과 곁들어 먹어도 충분히 맛있지만 아보카도를 으깨 토마토, 허브 등을 섞은 멕시코 요리 과카몰리는 아보카도 자체의 맛을 더 맛있게 끌어올려 주는 레시피다. 만들기도 간단하고 나초와 함께 먹으면 맥주 안주로 손색이 없다.

카프레제

재료 : 후레쉬 모차렐라 치즈 1개, 토마토 2개, 바질 2줄기, 후추 약간
소금 약간, 올리브유 1작은술, 발사믹 글레이즈 약간 (생략 가능)

1　모차렐라 치즈와 토마토는 같은 두께로 얇게 자른다.
2　접시에 모차렐라 치즈와 토마토를 보기 좋게 겹쳐가면서 플레이팅한다.
3　바질은 작은 잎을 여러 장 떼어내어 위에 골고루 뿌려준다.
4　그 위에 후추와 소금을 조금 뿌려주고 올리브유와 발사믹 글레이즈를 뿌려 마무리한다.

대부분의 샐러드는 간단하게 만들 수 있지만 그 중 가장 간단하게 해 먹을 수 있는 샐러드를 꼽으라면 단연 카프레제이다. 바질과 토마토 그리고 신선한 모차렐라 치즈에 발사믹 소스까지 곁들여서, 먹는 것만으로도 재료 본연의 건강한 맛을 느낄 수 있다.

토마토와 치즈 본연의 맛을 즐기고 싶다면 발사믹 글레이즈는 생략한다

제철에 나는 과일만큼 당도 높고 맛있는 과일도 없다.
좋아하는 제철 과일 몇 가지를 골라 간단한 조리법으로 만든
콜드 파스타를 한입 먹으면 없던 입맛도 살아난다.

제철 과일 콜드 파스타

재료 : 숏 파스타 100g, 제철 과일 2컵, 배 1/4개, 민트 2줄기
바질 1줄기, 올리브유 1큰술, 레몬즙 1작은술, 레지아노 치즈 약간
소금 약간, 후추 약간

1   숏 파스타는 포장지에 적혀있는 시간으로 삶은 후 찬물에 헹궈 물기를 뺀다.
2   배와 제철 과일은 전부 작은 큐브 모양으로 자른다.
    * 본 레시피의 제철 과일은 블루베리, 라즈베리, 블랙베리를 사용했다.
3   넓은 볼에 숏 파스타와 자른 과일을 담고 소금, 후추, 올리브유로 간을 한다.
4   바질은 다지고 민트 이파리를 떼어 같이 섞어주고 레몬즙을 뿌린다.
5   레지아노 치즈를 갈아서 마무리한다.

그 남자의 한 그릇

버터 갈릭 쉬림프

재료 : 새우 10마리, 마늘 4쪽, 버터 1큰술, 카엔페퍼 1/4작은술
파프리카 파우더 1/4작은술, 파슬리 2줄기, 화이트와인 3큰술
올리브유 1작은술

보통 요리에 버터와 마늘이 들어가면 대부분 맛있게 되는데, 그 중에서도 새우와 만나면 풍미가 더 좋고 잘 어울린다.
여기에 양념을 약간 더해서 볶아내고 작게 자른 바게트 위에 올려 함께 먹으면 지금 있는 곳이 스페인 강가인 듯한 착각이 든다.

1   새우는 머리를 떼어내고 등과 배를 갈라 내장을 제거한다.
2   볼에 마늘과 파슬리를 다져 넣고 손질한 새우, 카옌페퍼, 파프리카 파우더, 올리브유를 넣고 섞는다.
3   팬이 달궈지면 버터를 넣고 섞어놓은 2의 재료를 넣는다.
4   센불에 빠르게 볶다가 화이트와인으로 플람베p.14를 해주고 파슬리를 다져서 뿌리고 마무리한다.
5   취향에 따라 바게트나 나초를 곁들어 먹어도 좋다.

카옌페퍼가 없을 경우 생략하고, 파프리카 파우더는 고운 고춧가루로 대체할 수 있다

'올리브 타프나드'는 올리브 마니아에게 딱인 레시피이다. 만들어두면 빵에 발라 먹고, 파스타 소스로 사용하니 여러모로 활용도가 높다. 올리브 하나만으로 입안에 가득 차는 그 풍미가 중독성 있게 다가온다.

올리브 타프나드 파스타

- 올리브 타프나드 재료 : 블랙올리브 10개, 그린올리브 10개 마늘 1쪽, 앤초비 2장, 파슬리 2줄기, 올리브유 3큰술
- 파스타 재료 : 스파게티 100g, 올리브유 1큰술, 토마토 1/4개 레지아노 치즈 약간

올리브 타프나드 (4인분)

1   올리브 타프나드의 모든 재료를 넣고 믹서기에 갈아준다.

올리브 타프나드 파스타 (1인분)

1   끓는 물에 소금을 넣고 스파게티는 알단테로 삶고, 면수는 남겨놓는다.
2   달궈진 팬에 오일을 두르고, 면을 넣은 후 코팅하듯이 면을 볶다가 면수 3큰술과 올리브 타프나드 2큰술을 넣고 다시 볶는다.
3   파스타는 그릇에 덜고 위에 콩카세[p.15] 한 토마토와 레지아노 치즈를 뿌려주고 마무리한다.

함께하기 좋은 사이드 디쉬

바질 페스토 Basil Pesto

바질을 올리브유, 치즈, 잣 등과 함께 갈아 만든 녹색의 소스이다. 보통은 바질로 만들지만, 바질 대신 깻잎을 사용해서 만들면 새로운 페스토 맛을 느낄 수 있다.

- 재료 : 바질 100g, 파르메산 치즈 1/2컵, 올리브유 1/2컵, 견과류 1/2컵, 마늘 1쪽
  소금 1/4작은술, 후추 1/4작은술

1 해당 재료를 모두 믹서기에 넣고 간다.

오렌지소스 Orange Sauce

오렌지의 과즙을 설탕과 함께 졸이다가 전분물 넣고 약간 걸쭉하게 흐르는 상태로 만든 소스다. 해산물 요리와 잘 어울리는데 비린 맛을 잡아주고 재료의 풍미를 더 끌어올려 준다. 샐러드 소스로 활용해도 좋다.

- 재료 : 오렌지 1개와 1/2개, 전분물 2큰술 (전분1 : 물2 비율), 꿀 1/2작은술, 레몬즙 1/4컵

1 오렌지 1개와 1/2개를 그레이터로 껍질만 갈아 소스 팬에 담는다.
2 껍질을 갈고 남은 오렌지는 전부 즙을 내어 팬에 같이 담는다.
3 꿀 1/2작은술을 넣고 졸이다가 레몬즙을 넣는다.
4 소스가 끓어 오른다 싶으면 전분물을 풀어 농도를 맞춰준다.

   * 오렌지 껍질을 떼어낸 후 과육만 믹서에 간 후에 체에 걸러주면 더 많은 즙을 낼 수 있다.

함께하기 좋은 사이드 디쉬

토마토 마리네이드 Tomato Marinade

방울토마토를 물에 살짝 데쳐 껍질을 벗겨내고 발사믹 식초와 향신료에 버무려
숙성시켜 먹는다. 새콤달콤한 맛이 애피타이저로 입맛을 돋우기 좋고,
느끼한 종류의 음식과 곁들이면 입안을 정리해준다.

- 재료 : 토마토 30개, 양파 1/4개, 바질 6장
- 드레싱 : 올리브유 3큰술, 발사믹 식초 2큰술, 레몬즙 1작은술, 후추 약간, 소금 약간

1 토마토는 꼭지를 제거한 후에 십자로 칼집을 내주고 끓는 물에 살짝만 데쳐서 껍질을 제거한다.
2 양파와 바질은 잘게 다지고 드레싱 재료를 섞어 드레싱을 만든다.
3 큰 볼에 껍질을 제거한 토마토와 다져놓은 양파, 드레싱을 넣고 골고루 섞어준다.
4 완성된 요리는 냉장고에 차갑게 보관해서 먹는다.
   * 토마토에 칼집을 내고 살짝 데친 후에 얼음물에 넣어주면 껍질을 벗기기가 수월하다.

매시드 포테이토 Mashed Potato

삶은 감자를 곱게 갈거나 으깬 후 버터와 생크림을 넣고 소금, 후추로 간을 한
요리로 고기 종류의 스테이크나 스튜에 곁들여 먹으면 좋다.

- 재료 : 큰 감자 2개, 버터 1/2컵, 소금 약간, 후추 약간, 우유 3/4컵

1 감자는 적당한 크기로 잘라 볼에 넣고 랩을 씌워 익을 때까지 전자레인지에 돌린다.
2 감자가 익으면 전부 으깨주고 우유와 버터를 3번에 나눠서 넣어가면서 골고루 섞는다.
   우유와 버터는 개인이 원하는 농도가 나올 때까지 넣어주면 된다.
   우유와 버터의 양을 더 늘리면 더 부드러운 농도가 되고 양을 줄이면 되직한 농도가 완성된다.
3 원하는 농도가 나오면 소금과 후추로 간을 해준 후 마무리한다.
   * 감자를 체에 내려주면 부드러운 식감을 만들 수 있다.

쿠스쿠스 샐러드 Couscous Salad

쿠스쿠스는 세몰리나(semolina)라는 밀가루에 수분을 가해 만든 좁쌀 모양의
가장 작은 파스타로 작게 자른 채소와 함께 올리브유, 소금, 후추, 레몬즙
등으로 소스를 만들어 섞어내면 훌륭한 샐러드 파스타가 완성된다.

- 재료 : 쿠스쿠스 1컵, 물 1컵과 1/4컵, 토마토 1개, 오이 1/3개, 파프리카 1개, 파슬리 1줄기, 바질 4장
- 드레싱 : 올리브유 3큰술, 레몬즙 3큰술, 레지아노 치즈 1/3컵, 소금 약간, 후추 약간

1 쿠스쿠스를 뜨거운 물에 5분 정도 담가 놓은 후, 불어난 쿠스쿠스를 체에 받쳐 물기를 제거한다.
2 토마토, 파프리카, 오이를 1cm 크기의 큐브모양으로 자른다.
3 드레싱 재료를 섞어 드레싱을 만든다.
4 큰 볼에 식혀둔 쿠스쿠스와 드레싱을 뿌리고 바질과 파슬리를 다져서 넣고 골고루 섞어준다.
  * 쿠스쿠스의 조리법은 포장지에 나와 있는 시간으로 조리한다. 레시피의 재료 외에 다른 추가
    재료를 써서 만들어도 여러 가지 맛을 즐길 수 있다.

와일드 루꼴라 샐러드 Wild Rucola Salad

와일드 루꼴라는 특유의 쌉싸름한 맛과 강한 향을 풍기는 채소이다.
올리브유, 소금, 후추, 레몬즙으로 만든 드레싱과 함께 버무려 그 위에 약간의
적후추와 향이 풍부한 치즈를 갈아내어 주어도 좋다.

- 재료 : 와일드 루꼴라 50g, 적후추 약간, 그라나 파다노 치즈 약간
- 드레싱 : 올리브유 1큰술, 레몬즙 1큰술, 소금 약간, 후추 약간

1 루꼴라는 깨끗이 씻어서 물기를 제거한다.
2 드레싱 재료를 섞어 드레싱을 만든다.
3 루꼴라와 드레싱을 넣고 골고루 섞어준다.
4 루꼴라를 그릇에 옮겨 담고 적후추 약간과 그라나 파다노 치즈를 갈아서 위에 뿌린 후 마무리한다.

함께하기 좋은 사이드 디쉬

허브 베이컨 포테이토 Herb Bacon Potato

베이컨을 굽고 난 기름에 로즈메리를 넣어 향을 낸 후, 반쯤 익힌 감자를 굽고 베이컨과 같이 섞어 만들 수 있는 간단한 요리다. 맛이 좋고 포만감이 있어 메인요리와 함께 곁들이거나 한끼를 해결하기에 좋다.

· 재료 : 베이컨 5장, 큰 감자 2개, 로즈메리 1줄기, 파슬리 2줄기, 버터 2큰술, 파르메산 치즈 약간

1   감자는 껍질을 벗겨 한입 크기로 잘라 물에 소금을 넣고 살짝 덜 익은 정도로 삶는다.
2   베이컨은 1cm 크기로 잘라 팬에 구워 베이컨 칩을 만든다.
3   베이컨을 굽고 난 기름에 버터 2큰술과 로즈메리를 넣고 향을 낸 후에 감자를 넣고
    겉면을 바삭하게 굽는다.
4   구워진 감자를 그릇에 덜고 만들어둔 베이컨 칩을 넣고, 파슬리를 다져서 뿌린 후에
    파르메산 치즈를 갈아주어 마무리한다.

수란 Poached Egg

달걀을 끓는 물에 깨뜨려 반숙보다 좀 덜 익혀 내는 것을 말하는데 샌드위치, 파스타, 스튜 위에 얹어 노른자를 터뜨려 함께 먹으면 달걀의 고소함과 부드러운 풍미를 모두 즐길 수 있다.

· 재료 : 달걀 1개, 식초 2큰술, 물 3컵

1   물이 끓기 시작하면 식초 2큰술을 넣고 불을 끈다.
2   달걀을 깨어 오목한 그릇에 담는다. 끓는 물에 숟가락이나 국자로 휘저어 회오리를 만들고
    그 가운데에 그릇에 담긴 달걀을 넣는다.
3   달걀이 원하는 정도로 익으면 건져내고 미지근한 물에 옮겨 담는다.
    수란을 먹을 때 적정온도를 맞추기 위해서다. 차가운 물에 넣게 되면 차가운 상태에서
    먹게 되므로 가능하면 미지근한 물에 옮겨 담는다.
    * 달걀 노른자가 밖에서도 보이기 때문에 익은 정도는 직접 눌러보는 편이 더 확실하다.

그 남자의 한 그릇

심플 칵테일

맛있는 음식을 어울리는 술과 함께 즐긴다면 맛과 즐거움이 배가 되지 않을까? '마리아주'와 '페어링' 등 음식과 술의 궁합을 나타내는 단어도 있듯이 평범했던 요리가 한 모금의 술과 함께라면 더 맛있게 느껴진다. 간단한 레시피로 한 잔 만들어 내면 혼술도, 친구들과의 파티에서도, 연인과의 저녁 식사도 좀 더 분위기 있는 순간들이 되지 않을까.

* 모든 칵테일은 허브나 과일만 바꾸어 주어도 다양한 맛으로 즐길 수 있다.

라임 모히토

재료 : 보드카 or 소주 1큰술, 탄산수, 얼음
라임 1개, 애플민트 2줄기, 설탕 1큰술

1. 컵에 애플민트, 설탕 , 보드카를 넣어준 후에 긴 숟가락으로 저어준다.
2. 라임은 3/4의 크기로 잘라 즙을 낸 후 섞는다.
3. 컵에 얼음을 넣고 탄산수를 부어준다.
4. 남은 라임으로 장식을 하고 마무리한다.

심플 칵테일

트리플 베리 모히토

재료 : 보드카 or 소주 1큰술, 탄산수, 얼음, 블루베리
블랙베리, 라즈베리, 애플민트 1줄기, 설탕 1작은술

1. 블루베리, 블랙베리, 라즈베리는 합쳐서 반 컵 정도의 분량을 컵에 넣는다.
2. 컵에 설탕 1작은술, 보드카 1큰술, 애플민트 1/2줄기를 넣고 긴 숟가락으로 으깬다.
3. 충분히 으깨지면 컵에 얼음을 채우고 탄산수를 부어준다.
4. 베리와 남은 애플민트 1/2줄기의 이파리를 떼어 장식하고 마무리한다.

백설탕보다 황설탕을
추천하고, 아래까지 섞어서
마셔야 과일의 맛을 충분히
느낄 수 있다

그 남자의 한 그릇

단맛을 원하면 탄산수가
아닌 사이다를 넣는다

작은 거름망에 으깬 오이를
걸러서 사용하면 좀 더
깔끔하게 즐길 수 있다

샹그리아

재료 : 화이트와인 1병, 탄산수, 자몽, 오렌지, 키위, 사과, 배
레몬, 라임, 라즈베리, 블랙베리, 블루베리, 애플민트 1줄기
* 과일 전체의 양은 와인 1병의 절반 정도로 준비한다.

1   과일들은 취향에 맞게 자른다.
2   저그나 물병에 와인과 자른 과일을 전부 넣고 오렌지는 즙을 내서 넣는다.
3   애플민트는 줄기째로 손으로 비벼서 넣는다.
4   골고루 섞은 후에 냉장고에서 반나절이나 하루 정도 숙성한다.
5   잔에 샹그리아를 반 정도 따른 후에 절반은 탄산수로 채운다.

큐컴버 토닉

재료 : 보드카 or 소주 1큰술, 탄산수, 얼음
오이 1개, 로즈메리 2줄기, 설탕 1작은술

1   오이는 1/4만 가로로 둥근 모양이 되게 얇게 자르고
    나머지 3/4은 세로로 길고 얇게 자른다.
2   컵에 가로로 자른 오이와 함께 로즈메리, 설탕, 보드카를 넣고 으깬다.
3   새로운 컵에 길게 잘라놓은 오이를 컵 안쪽에 둥글게 둘러준다.
4   2의 으깨고 나온 즙만 3의 컵으로 옮기고, 얼음을 넣은 후에 탄산수를 부어준다.
5   로즈메리 한 줄기를 꽂아 마무리한다.

따라 하고 싶은 그 남자의 일상 속 레시피

그 남자의 한 그릇

초판 1쇄 인쇄 2017년 7월 4일
초판 1쇄 발행 2017년 7월 12일

저자	김형준
펴낸이	이준경
편집이사	홍윤표
편집장	이찬희
편집자	김아영, 이가람
디자인	정미정
마케팅	이준경
펴낸곳	지콜론북
출판 등록	2011년 1월 6일 제406-2011-000003호
주소	경기도 파주시 문발로 242 3층 (주)영진미디어
전화	031-955-4955
팩스	031-955-4959
홈페이지	www.gcolon.co.kr
트위터	@g_colon
페이스북	/gcolonbook
인스타그램	@g_colonbook
ISBN	978-89-98656-68-3 13590
값	15,000원

이 도서의 국립중앙도서관 출판시도서목록 (CIP)은 서지정보유통지원시스템 홈페이지 (http://seoji.nl.go.kr)와
국가자료공동목록시스템 (http://www.nl.go.kr/kolisnet)에서 이용하실 수 있습니다. (CIP제어번호 : CIP2017015571)

이 책은 저작권법에 의해 보호를 받는 저작물이므로 무단 전재와 복제를 금합니다.
또한 이미지의 저작권은 작가에게 있음을 알려드립니다.
The copyright for every artwork contained in this publication belongs to artist. All rights reserved.

잘못된 책은 구입한 곳에서 교환해 드립니다.

지콜론북은 예술과 문화, 일상의 소통을 꿈꾸는 (주)영진미디어의 문화예술서 브랜드입니다.